Hall in Tirol und die Salzregion

Die Deutsche Bibliothek – CIP-Einheitsaufnahme
Aichner, Gerald: Hall in Tirol und die Salzregion. /
Absam, Gnadenwald, Hall, Mils, Thaur.
Gerald Aichner /
Schwaz : Berenkamp, 1994
ISBN 3-85093-043-2

© Berenkamp

ISBN 3-85093-043-2

Bildnachweis

Archiv Berenkamp Verlag: 24, 97, 99, 101; Archiv Stadtgemeinde Hall: 8, 9, 12, 14, 16, 19, 22, 27, 34, 35–37, 41, 43, 45, 48.¹, 48.², 49.¹, 49.², 49.³, 51.¹, 53, 57, 59.¹, 59.², 60.¹, 62, 63, 67, 96; Fotostudio Bernhard Edelbauer, Schwaz: 7, 10.1, 10.2, 11, 13, 17, 21, 25, 29, 33.¹, 33.², 33.³, 38, 39, 36, 47, 50, 51.², 55.¹, 55.², 60.², 68, 69, 72.¹, 72.², 73, 74, 75.¹, 75.², 77, 79, 80, 81.¹, 81.², 84, 86.¹, 86.², 86.³, 86.⁴, 87.¹, 87.², 89, 90, 91, 92, 94, 95; Fotostudio Gerhard Watzek, Hall: 32.¹, 32.², 58, 61.¹, 61.², 61.³, 65, 76, 82. Vorsatz vorne: Hall in Tirol, Archiv Stadtgemeinde Hall; Vorsatz hinten: Ausschnitt aus der Tirolkarte von Peter Anich, Original im Tiroler Landesarchiv. Luftaufnahmen freigegeben BMfLV

Umschlagentwurf: Hosp Repro Innsbruck
Druck- und Bindearbeiten: Athesia-Tyrolia Innsbruck
Gedruckt in Österreich – Printed in Austria
Urheberrechtlich geschützt
Nachdruck und Vervielfältigung (auch auszugsweise) verboten

Gerald Aichner

Hall in Tirol und die Salzregion

Absam, Gnadenwald, Hall, Mils, Thaur

Berenkamp

Inhaltsverzeichnis

7	Die Haller und ihre Stadt
14	Lob und Ktirik
16	Attribute
18	„Weißes Gold"
24	Hall und seine Münze
30	Hall, seine Kirchen und Klöster
38	Stadt der Kultur
43	Die Haller und ihre Plätze
52	Die Haller und ihre Häuser
62	Hall und seine Umgebung
62	Der Inn
64	Die Au
65	Heiligkreuz
66	Absam
74	Gnadenwald
77	Mils
84	Thaur
96	Die Berge
97	Der Bettelwurf
100	Der Glungezer
102	Besonderheiten aus der Salzregion
102	„Haller Kübel" und andere Spottnamen
104	Spezialitäten aus der Regionalküche
104	Haller Knödel
104	Haller Törtl
105	Thaurer Wein
105	Sagen
105	Dreizehn Goldkugeln
106	Die Räuber vom Glockenhof
106	Der Walder Riese
107	Der Rotmoosgeist im Gnadenwald
107	Feuer auf der Milser Heide
107	Die nächtliche Erscheinung von Thaur
108	Literaturverzeichnis (Auswahl)

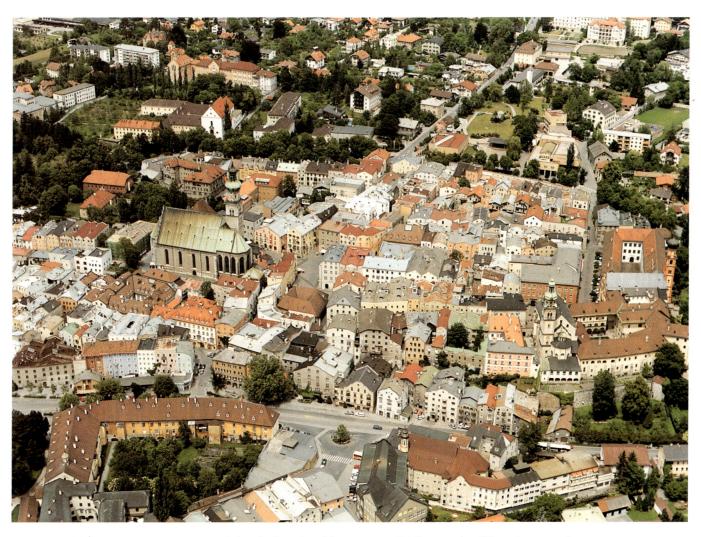

Bunt und lebenswert. Der mittelalterliche Stadtkern von Hall aus der Vogelperspektive.

Die Haller und ihre Stadt

„Das lustig, wol erpaut, vest statl Hall im Innthal" nennt der Haller Stadtchronist Franz Schweyger im Jahr 1560 die Stadt. Diese Charakterisierung bewahrheitet sich seit fünf Jahrhunderten. Angelehnt an das mächtige, schroffe Karwendelgebirge, dehnt sich auf dem flachen Schuttkegel, den der aus dem Halltal südwärts zum Inn fließende Weißenbach aufgeschüttet hat, die Stadt aus, den Blick geöffnet zu den lieblicheren Erhebungen der Tuxer Voralpen, die wie ein Flügelaltar den südlichen Horizont beherrschen: der Glungezer mit seinen Trabanten Tulfein und Patscherkofel. Der Ort baut sich, besonnt von drei Seiten, terrassenförmig zu Füßen des „Bettelwurfs" auf. Sein Entstehen und Erblühen verdankt Hall den Salzlagern im Halltal, die um 1270 entdeckt wurden.

Der Ort wuchs rasch, schon 1303 wurde er zur Stadt erhoben. Mit dem Stadtrecht war auch die Ausübung der Blutgerichtsbarkeit verbunden. Daran erinnern heute noch Flurnamen wie „Galgenfeld"

Hall im 19. Jahrhundert. Stahlstich von F. Würthle nach einer Zeichnung von J. Lange.

Die alte „Römerstraße", einst wichtigster Handelsweg über Ellbögen zum Brenner, und der bis Hall schiffbare Inn haben maßgeblich dazu beigetragen, daß Hall zur Wirtschaftsmetropole des Landes wurde.
Das Bild aus dem Jahr 1916 zeigt die alte, im Jahr 1970 abgetragene Innbrücke und die Lendgasse, einst Anlegeplatz der Innschiffe.

am östlichen Stadtrand – der Galgen war bis 1803 „aktiv" – oder das näher zur Stadt gelegene „Köpfplatzl" (heutige Grünanlage vor dem „Thömlschlößl"). Die Bürger umgaben die Stadt mit Mauern und Gräben, deren Reste heute noch zu sehen sind. Hauptstützpunkte der städtischen Verteidigung waren vier Burgen bzw. Türme: Burg Sparberegg (1567 zum Damenstift umgebaut), gegen Norden der Agramsturm (später „Geisterburg" genannt), worin sich das städtische Zeughaus (Waffenlager) befand, das burgenartige Rainegg sicherte die Stadt gegen Westen, gegen Süden waren es der Wengerturm und die Burg Hasegg.

Hall liegt am Schnittpunkt zweier Verkehrsströme, des Inn, der ab Hall stromabwärts Richtung Bayern und Innerösterreich schiffbar war, und der „Römerstraße" über Ellbögen zum Brenner nach Südtirol und Italien. Beide Routen dienten in erster Linie dem Salztransport. Der Wohlstand wuchs, Hall gewann die Sympathie der Landesfürsten und damit an Ansehen. Die Tiroler Münze wurde von Meran nach Hall verlegt. Handel und Gewerbe blühten, in Hall wurde Landespolitik geschrieben.

In den Jahrhunderten zwischen 1500 und 1809 suchten Pest, Erdbeben, Brände, Überschwemmungen, Militärdurchzüge und Kriege die Stadt heim. Die Münze wurde 1809 geschlossen. Der Bau der

Eisenbahn durch das Unterinntal (1858 eröffnet) führte zur Einstellung der Innschiffahrt, die Bedeutung Halls als wirtschaftliches Zentrum des alten Tirol endete 1967 mit der Stillegung des Salzbergwerkes und des Salinenbetriebes. Eine neue Ära wirtschaftlichen und kulturellen Aufschwungs brach an. Geblieben ist der Zauber des mittelalterlichen Stadtbildes. Von 1964 bis 1973 wurde die Inntalautobahn gebaut, sie nahm den durch Hall fließenden (bzw. stauenden) Verkehr auf.

Hall war stets eine Handels- und Geschäftsstadt, eine Bürgerstadt mit städtischem Treiben und vielfältiger Kultur. Sie entblößte sich nie zur reinen Tourismusstadt und kann gerade deshalb „Hall" bleiben. Im späten Mittelalter und in den Jahrzehnten nach 1970 genoß es den Ruf, „heimliche Hauptstadt Tirols" zu sein, eine Kulturstadt, die der Landeshauptstadt den Rang streitig macht, manchmal abläuft, in Konkurrenz mit ihr lebt und davon profitiert.

Garnisonsort wurde Hall erst nach den Napoleonischen Kriegen. Als Kasernen dienten Schloß Rainegg und das ehemalige Jesuitenkloster in der Schulgasse. Seit 1874 hatte ein Bataillon des Kaiserjägerregimentes in Hall seinen Standort. Uniformen und Ausrüstungsgegenstände waren im Augmentationsmagazin in der Milser Straße untergebracht (heute durch einen Wohnblock ersetzt). Zur Zeit der deutschen Besatzung stand auf dem „Galgenfeld" ein Barackenlager für die Artillerie, das Stationskommando befand sich im heutigen Sitz der Stadtwerke in der Bruckergasse. Aus einem Magazinsgebäude der deutschen Wehrmacht in der Haller Au ging nach 1945 die Straubkaserne in der Alten Landstraße hervor. 1935 wurde in der Alten Zollstraße die Speckbacherkaserne gebaut.

In die Stadtmauern, Zeichen mittelalterlicher Wehrhaftigkeit, sind heute Häuser und Geschäfte integriert.

Hall ist ein Kleinod an Architektur vergangener Jahrhunderte mit stolzen Zeugnissen der Gotik und des Barock, eine pulsierende Kleinstadt rund um einen der schönsten Plätze Europas: Der samstägliche Bauernmarkt auf dem Oberen Stadtplatz ist die Symbiose von Natur und Kultur. Die Altstadt lebt, sie lebt dank des Revitalisierungsprogramms seit 1974, das viele neue Wohnungen gebracht hat. Die Altstadt ist wieder von Hallern bewohnt, sie lebt dank der vielen Händler und Kleingewerbetreibenden, die in der Altstadt ihren Standort haben. „Gemma in die Stadt", sagen die Haller, auch wenn sie nur einige Meter außerhalb der Stadtmauer leben. Ein geflügeltes Haller Wort. Und sie meinen ihre Altstadt.

In Hall ist fast alles alt und solid, die Häuser haben ihre feste Form bewahrt, trotz Bränden, Kriegen und Erdbeben. Man mag Hall als steingewordene Idee aus dem Mittelalter sehen, das aus jenen Tagen

Hall, wie es jeder kennt: ein malerisches Städtchen vor der mächtigen Kulisse des Karwendels. Links der Münzerturm, dann der Turm der Pfarrkirche und die Türme von Stiftskirche bzw. Jesuitenkirche.

in die moderne Zeit hineinragt. Von südlicher Anhöhe aus betrachtet, beherrschen Türme und Tore die Altstadt. Die vier hohen Turmkuppeln leuchten mit ihrer Patina ins Weite: im Vordergrund der Münzerturm mit Burg Hasegg und Münzertor, dahinter aufsteigend die Stadtpfarrkirche St. Nikolaus, die Stiftskirche mit dem Damenstift und die Allerheiligenkirche des einstigen Jesuitenkollegs.

Das Münzertor, Teil der Burg Hasegg und gegen Süden hin gelegen, ist das einzige noch bestehende Stadttor. Innerhalb der Stadtmauern kauern die ehemaligen Salinengebäude. Östlich zum Inn hin befand sich auf der Haller Lend die ehemalige, wegen ihrer künstlerischen Leistungen hochangesehene Glashütte von Scheibenegg (1531 bis 1630), heute ein städtisches Altersheim. In der Nähe steht der große, alte Getreidekasten, zum Wohnhaus umfunktioniert. Nahe dem alten Spitalgebäude (erstes Spital 1342) stand einst das Lendtor, das sich zur Lend (Schiffanlegeplatz) hin öffnete; weiter nördlich das Kapellentor, überragt vom königlichen Damenstift, anschließend daran das Jesuitenkolleg, das heutige Bezirksgericht; nach Mils hin situiert, das Milsertor. Am Nordrand der Stadtmauer stand der Agramsturm, einst Zeughaus der wehrhaften Bürger. Die nächsten Öffnungen der Stadtmauer waren gegen Westen zu das Absamer Tor, das Bischoftor zum Franziskanerkloster und seiner Kirche, und das Thaurer Tor. Schon wieder in der unteren Stadt schlossen sich das Schmiedtor und das Hexentörl an. Am Unteren Stadtplatz überspannte die Landstraße gegen die Saline zu das Maria-Theresia-Tor, auch Triumphpforte genannt. Schließlich am Ende des Langen Grabens das Schergentor, in dessen Turm die inhaftierten Vagabunden untergebracht waren.

Der Lange Graben um die Jahrhundertwende – damals wie heute wichtige Geschäftsstraße und Verbindung zwischen der oberen und der unteren Stadt.

Wie von Monden umgeben bildeten einst das St.-Josefs-Kirchlein, die Doppelkirche St. Magdalena und St. Jakob und das Schneiderkirchlein einen Kranz um die Pfarrkir-che.

Das Siedlungsgebiet war immer beschränkt, der Bauplatz innerhalb der Stadtmauern rar, außerhalb unsicher. Die Stadtgrenzen sind eng. Im Süden bildet der Inn die Grenze zu den Nachbargemeinden Tulfes und Ampaß. Im Osten trennt der Weißenbach die Stadt vom Dorf Mils. Im Norden rückt Absam nahe an Hall, und im Westen bestimmten lange Heiligkreuz und Thaur mit ihren Feldern die Siedlungsgrenze. Erst in den Jahrzehnten nach dem Zweiten Weltkrieg erweiterte sich das Siedlungsgebiet nach Osten um den Stadtteil Schönegg und die neue, von Franziskanern betreute Pfarre Sankt Franziskus, nördlich der „Südtiroler Siedlung" gewachsen. Im Norden ist der Villenstadtteil entstanden, im Westen dominieren heute Gewerbe und Industrie. Trotzdem ist Hall eine „grüne Stadt" geblieben, im Kern unverkennbar in Stein gehauenes Mittelalter, umgeben von Park- und Gartenanlagen, städtischen und privaten Grünflächen und kleinen Hausgärten. 1993 schaffte Hall auf Anhieb Platz zwei beim europäischen Blumenwettbewerb „Entente Florale" – sichtbares Zeichen des Hangs zum Grünen: Ausschlaggebend dafür waren nicht nur Garten- und Parkanlagen, Farbharmonie und Qualität der Pflanzen, sondern auch bauliche Verschönerungsarbeiten, Umweltaktivitäten, Wohnqualität, kulturelles Angebot und Attraktivität der Freizeiteinrichtungen. Hier wiederum bestach das Freibad die internationale Jury. Das Haller „Schwimmbad", 1940 errichtet, gilt als eine der schönsten Badeanlagen Tirols.

Das Schwimmbad: Freizeitparadies im Westen der Stadt.

Eines der beliebtesten Fotomotive von Hall ist die „Nagglburg" im Zwickel zwischen der Salvatorgasse und der Waldaufstraße. Das Bild wurde vor dem Jahr 1911 aufgenommen. Das äußere Erscheinungsbild des seltsamen Baues hat sich seither kaum verändert.

Berühmte Schätze der Tiroler Gotik begegnen uns in der Salzregion, besonders in der alten Salinenstadt, die dank ihres „weißen Goldes" und der Innschiffahrt wohlhabend geworden ist und eine lange Blütezeit erlebte. In der Gotik erhielt Hall sein heutiges Gepräge, reizvoll modifiziert zur Zeit des Barock, was der Stadt teilweise ein fast südliches Flair verleiht. Eine Zeitreise in die Gotik Halls und der umliegenden Dörfer lohnt allemal. Als weiträumiges Gesamtkunstwerk wollen Hall und seine Gotik erwandert sein. Ausgangspunkt ist die ehemals landesfürstliche Burg Hasegg mit dem Münzerturm.

Lob und Kritik

Die ältesten Hinweise auf Hall in Reiseberichten gaben im 15. Jahrhundert Friauler Gesandte, ein Sekretär des Kardinals Piccolomini und venetianische Gesandte. Sie nennen die Gegend von Hall „die schönste, die sie in Deutschland gesehen haben". Und „Hall ist ein behaglicher Ort, geschmückt mit schönen Gebäuden. Die Bäder sind mit erstaunlicher Kunstfertigkeit ausgestattet. An diesem Ort wird blendend weißes Salz ausgekocht." – „Hall hat einen Hafen, von dem die Schiffe nach Wien fahren, das Salzwerk erzeugt schneeweißes Salz, das ganz Deutschland versorgt", was stark übertrieben war. 1574 heißt es, Hall habe sehr schöne Gebäude und zahlreiche Brunnen, auch das Gymnasium wird schon genannt. Der Tiroler Landreim von 1558 verweist auf die „Haller Lend, die ein groß Maß und Gewerbe" habe.

Merian nennt im Jahr 1649 „Hall im Innthal eine wohl erbaute, lustige Stadt zwischen hohen Bergen gelegen".

Auch die Dichter konnten an Hall nicht vorbeisehen; am bekanntesten die „Haller Spaziergänge" des in Glarus (Schweiz) geborenen Balthasar Hunold:

Lieblich zu des Salzbergs Füßen,
Eingewiegt von heitren Sagen
Liegt sie da von Reiz und Anmuth,
Träumend von vergang'nen Tagen.

Wer vermöchte, wonnetrunken,
All die Herrlichkeit zu schildern,
Hall die Stadt, die ewig heit're
Lacht uns an in tausend Bildern!

Der Tiroler Lyriker Anton Renk dichtet um 1900 über Hall:

Kennst du die Stadt, die seit sechshundert Jahren,
Geschmiegt an einen wilden Felsenwall,
Von ihrer Lände ließ die Schiffe fahren
Und münzte ein tirolisches Metall? ...
Kennst du die Stadt, die Alttirolerin,
Kennst du die wunderbare Stadt am Inn,
Am Bettelwurf, das liebe alte Hall?

Aber nicht alle Chronisten und Dichter gehen mit Hall so lobend um. Die Topographen Johann Jakob Staffler und Beda Weber finden „Hall eng und krummgassig und in geschmacklosem Style aufgebaut". Ein zu hartes Urteil, denn Hall hatte seit seiner Entstehung eine Verteidigungsaufgabe zu erfüllen. Es mußte den reichen Staatsschatz, den Salzberg und die Saline, bewachen und schützen. Eine Aufgabe, der es durch die Jahrhunderte gewissenhaft nachgekommen ist. Die Stadt war als fester Platz mit starken Mauern, mächtigen Stadttoren und tiefen, breiten Gräben umfangen. Diese Befestigung gebot es den Hallern, mit dem knappen Bauplatz hauszuhalten. Das Angesicht der Stadt entspricht daher alten befestigten Städten, mit dem Reiz des Alters und dessen Schwächen. Wechselhaft war Halls Schicksal durch Jahrhunderte. Brände, Überschwemmungen, Belagerungen, Erdbeben und Seuchen gruben der Stadt tiefe Narben ein.

Attribute

Jede Stadt schmückt sich gern, nicht nur mit Fahnen, sondern mit Attributen, mit Superlativen, die dem Gast die Einmaligkeit, die Schönheit oder die Besonderheit des Ortes signalisieren sollen. Für Hall erledigte das schon anno 1570 der Chronist Franz Schweyger mit seinem „lustig, wol erpaut, vest statl Hall im Innthal". Seither wurden die Haller nicht müde, sich mit einzigartigen Attributen zu schmükken. Entweder, um sich zu profilieren, oder erarbeitetes Profil zu vermarkten, angefangen von der Salzstadt über die Kurstadt bis hin zur Münzstadt.

„Salzstadt" - dem Salz verdankt Hall Entstehen, Geschichte, Blüte und Ruhm bis heute.

„Stadt im Gebirge" und „Stadt an der Lend". Hall am Fuße des mächtigen Bettelwurfs des Karwendelgebirges, gelegen am Inn und Kopfstation der Innschiffahrt.

„Handelsstadt Hall" - von Hall und seiner Lende führten die Transportwege für Salz, Silber und andere Güter am Inn nach Osten, auf Landstraßen nach Westen und Süden. Hier war der Sitz der berühmten „Haller Messen", ein Indiz für blühendes Markt- und Handelsleben. In den letzten Jahrzehnten erlebte diese Handelsfunktion ihre Renaissance. Mit seinem gesamtheitlichen Programm und Einkaufserlebnis bietet Hall als Handelsstadt der mächtigen Innsbrucker Konkurrenz großer Einkaufszentren Paroli.

Die aus dem 19. Jahrhundert stammende Ansicht von Hall zeigt die Berechtigung der Attribute, die Hall seit langem schmücken: „Stadt an der Lend" - „Stadt im Gebirge", die „Klosterstadt", „Tiroler Nürnberg" usw.

„Münzstadt Hall" – von 1477 bis 1809 war Hall Münzprägestätte für die Landesfürsten, eine Tradition, die 1975 wieder aktiviert wurde.

„Glasstadt Hall" – die berühmte Haller Glashütte erzeugte von 1534 bis 1630 Butzenscheiben und formschöne Glasgefäße, die „Haller Gläser". Sie sind venezianischer Ware gleichwertig.

„Klosterstadt Hall" – die alte Bürgersiedlung umgab sich in der Zeit nach Kaiser Maximilian I. mit einem Kranz von Adelssitzen und Klöstern: Augustinerinnen, Barmherzige Schwestern, Benediktiner, Franziskaner, Jesuiten, Klarissen, Kreuzschwestern, Salesianerinnen, Tertiarschwestern und das königliche Damenstift gaben und geben der Stadt einen Hauch von Geist. Besonders segensreich erwies sich das Damenstift. Die Musikpflege nahm, von hier ausgehend, entscheidenden Einfluß auf das Haller Kulturleben, die Stadt wurde ein Ort der Musik und des Theaters.

Hall aus Südosten. Alter Ruhm bestätigt sich, neues Lob drängt sich auf.

„Kleine Residenzstadt" – Kaiser Maximilian I. feierte hier 1494 Hochzeit mit seiner zweiten Frau, Bianca Maria Sforza von Mailand, und verbrachte in der Burg Hasegg seine Flitterwochen. Oft und gern verweilte Maximilian in Hall im Großen und im Kleinen Fürstenhaus.

„Kurstadt Hall" – schon im 14. Jahrhundert boten kleine Heilbäder ihre Dienste an. 1930 wählten die Stadtväter für Hall den Kurortstatus, Hall nannte sich bis 1974 „Solbad Hall", seither wieder „Hall in Tirol".

„Schulstadt Hall" – erstmals wird 1342 ein Schulmeister in Hall genannt, 1411 eine Schule; seit 1573 besteht ein humanistisches Gymnasium, zuerst von Jesuiten geführt, von 1795 bis 1840 von Benediktinern, seither von Franziskanern; in der Schulstadt wirken alle Pflichtschulen und mehrere weiterbildende Schulen.

„Studierstädtchen Hall" – eine besondere Note hat Hall als alte Studentenstadt, bedingt durch das seit über 400 Jahren bestehende Gymnasium. Generationen von Studenten prägten das Haller Stadtbild, in vielen Belangen auch das Kulturleben; zwei Mittelschülerverbindungen, „Sternkorona" und „Nibelungia", kümmern sich seit Jahrzehnten um die heranreifenden Gymnasiasten, vermitteln ihnen Demokratieschulung und christliche Werte; eine Haller Besonderheit durch viele Jahre waren die „Kosttage": Studenten, die in der Stadt private Zimmer, „Buden" genannt, bewohnten, erhielten von einzelnen Familien bzw. Institutionen freie Kost an jeweils einem Tag in der Woche – eine soziale Einrichtung von Haller Bürgern und öffentlichen wie privaten Stellen, Klöstern usw., die ihresgleichen sucht.

„Sportstadt Hall" – im Jahr 1933 wurden am Haller Hausberg, dem Glungezer, FIS-Weltmeisterschaften im alpinen Abfahrtsschilauf der Herren ausgetragen; vom Glungezer führt eine der längsten Schiabfahrten der Ostalpen ins Tal; aus Hall sind Spitzensportler in verschiedenen Disziplinen – Tennis, Schwimmen, Schilauf, Fußball, Radsport – hervorgegangen; es gibt sogar einen Weltmeister im Rettungsringwerfen.

„Heimliche Hauptstadt Tirols" – unter Kaiser Maximilian I. und in den Jahrzehnten danach durfte sich Hall in der Hoffnung wiegen, Innsbruck als Landeshauptstadt auszustechen; dank seines Reichtums und seines kulturellen Lebens blieb es lange Zeit die blühendste Stadt Tirols; der berühmte Haller Stiftsarzt und „erste Europäer", Dr. Hippolytus Guarinoni, schrieb vor 300 Jahren : „… eine Stadt, die alle anderen Städte des Landes an Zierlichkeit und Gehalt übertrifft und alles in sich schließt, was andere Städte haben möchten: Ehr und Gut für Leib und Seele …!" Die Innsbrucker Universität konnte 1669 nur durch einen Aufschlag auf das Haller Salz gegründet werden.

„Tiroler Nürnberg" – seiner ausgedehnten Altstadt, dem größten historischen Stadtkern Tirols, verdankt Hall diesen Beinamen; über 300 Altstadthäuser verleihen der Stadt ihr mittelalterliches Antlitz. Eine große Herausforderung, dieses Erbe zu erhalten und zu beleben. Ein umfassendes Restaurierungs- und Revitalisierungsprogramm weckt die Altstadt seit 1974 aus ihrem Dornröschenschlaf. Die Republik Österreich anerkannte dieses Bemühen mit dem Staatspreis für Denkmalschutz.

Viele dieser Attribute konnten bis heute erhalten oder mit neuem Leben erfüllt werden. In vielen Bereichen schauen andere Städte neidvoll oder anerkennend nach Hall, sei es Kulturleben, Altstadtrevitalisierung, Wirtschaftsstruktur und Überschaubarkeit. Alte Leitbilder sind neu belebt, Kultur, Musik, Theater, Kunst profilieren die Stadt. Historische Attribute und Auszeichnungen – Ansporn und Auftrag für die Haller von heute.

„Weißes Gold"

„Am Ufer des Inns, eine Meile stromabwärts von Innsbruck, liegt eine andere Stadt, Hall, mit einem hervorragenden Salzbergwerk und einer Salzsiederei. Die Salzpfannen sind so groß, als hätten sie Zyklopen, die Schmiede des Vulkans, in der Schmiede des Jupiter hergestellt. Ich glaube mit Kardinal Äneas Silvius Piccolomini, daß diese Stadt Hall ihren Namen nach einem Fluß in Kleinasien hat, der

All heißt!" So beurteilt der reisende Mönch Felix Faber aus Ulm anno 1484 die blühende Salzstadt, damals ein Wirtschafts- und Kulturzentrum, an dem man nicht einfach vorüberfuhr.

Allerlei pirg, das man nennen thuet
Edls, Kerrn, reisents frisch täbs erpawen
Durch Gips und Leberstain gehauen.

Der Tiroler Landreim aus dem Jahr 1558 beschreibt die verschiedenen Gesteine des Salzbergs: „Das Gebirge besteht aus reichlich salzführendem Gestein, aus Kernsalz, fallendem und taubem Gestein, aus Gips und Rauhwacke." Der Salzberg, der die Gemeinden Absam, Hall und Thaur durch Jahrhunderte belebte, galt lange als der „größte mineralische Schatz Tirols, mit einem reichen, noch auf tausend Jahre nachhaltigen Salzlager".

700 Jahre ununterbrochener Salzbergbau im Halltal und Salzgewinnung in der Haller Saline beeinflußten die Geschichte und belebten die Wirtschaft Tirols in vielfältiger Weise. Erst im Jahr 1967 wurde der Haller Salinenbetrieb im Zuge einer gesamtösterreichischen Konzentration der Salzproduktion eingestellt. Die Zeit war damals noch nicht reif für Streiks und Bürgerinitiativen, gottergeben und protestlos ließen Politiker und Bevölkerung die Stillegung des Salzbergs über sich ergehen. Der älteste

Gesamtansicht des Salinengeländes vor dem Bau der neuen Innbrücke im Jahr 1970 und vor dem Bau der Inntalautobahn im Jahr 1965. Zu dieser Zeit standen das Bergwerk und die Saline noch in Betrieb.

Industriebetrieb Tirols war damit geschlossen, der 23 Generationen Arbeit gebracht hatte. Untrennbar verquickt mit dem Salzberg, aus dem die Knappen zehn Millionen Tonnen Salz gewannen, blieben bedeutende Auswirkungen: Salzberg- und Salinenbetrieb forcierten Verkehrswege und Verkehrsmittel, wie Salzstraße und Innschiffahrt, Saumpfade und Straßen. Sie befruchteten und revolutionierten – auch andernorts – Bergbau, Technik, Recht, Vermessung, Sole- und Salzgewinnung. Die Landesfürsten zogen aus dem Betrieb fürstliche Erlöse. Sie finanzierten damit allerdings auch viele Kriege. Recht und Verwaltung erforderten neue Normen. Katastrophen im und am Salzberg führten zur Verbesserung des Betriebes und der Zufahrten. Heute ist der Salzberg nur noch ein Denkmal der Technik und des Handwerks, die Tirol einst großgemacht hatten.

Die Gründung der Stadt ist eine Folge des alten und ergiebigen Salzschatzes im Halltal. Den ersten Hinweis auf die Salzproduktion in oder bei Hall liefert eine Urkunde Graf Alberts III. von Tirol aus dem Jahr 1232: „... de salina mea quam habeo in Intal iuxta Tavr castrum meum" („... über meine Saline, die ich im Inntal in der Nähe meiner Burg Thaur besitze."). Der Ortsname Hall taucht erstmals in einer Urkunde aus dem Jahr 1256 auf; in ihr sind „das Salzhaus und der Zoll ze Halle" genannt.

Der Sage nach beobachtete Ritter Nikolaus von Rohrbach um 1270 im Halltal Hirsche und Rehe beim Lecken an bestimmten Steinen. Der Ritter, ein oberösterreichischer Bergingenieur, schloß auf eine unterirdische Salzlagerstätte. Nach seinen Plänen wurde „1280 der Berg und das Salzsieden zu Hall erfunden und angefangen", nachdem schon 1272 in 1600 Meter Höhe der erste Salzstollen angeschlagen worden war. Rohrbach revolutionierte den Bergbau und brachte ihn mit der seit 1232 nachweisbaren „Saline im Gericht Thaur" in Verbindung, die bis dahin lediglich natürliche Sole versotten hatte. Im Berginnern wurde ein Hohlraum ausgebrochen, in den man von außen Wasser einleitete. Das Wasser löste das Salz aus dem „Haselgestein" (Ton, Gips, Anhydrit) und wurde dann als gesättigte Sole (ca. 33 Prozent) aus dem Berg herausgeleitet. Über ein System von Holzrohren kam diese Sole in die Saline, wo sie in eisernen Salzpfannen verdampft wurde. Das auf diese Weise gewonnene Salz mußte noch getrocknet und gepreßt werden, ehe man es in Säcken verpackt verkaufen konnte.

Die Salzerzeugung stieg rasch auf 30.000 Meterzentner (um 1450), um 1505 gar auf 155.000 Meterzentner. Der aufblühende Bergsegen bildete bald – Salz war als Rohstoff unersetzlich wertvoll – eine der wichtigsten Einnahmequellen für den Landesfürsten. Die Regierung beanspruchte daher schon zu Beginn des 14. Jahrhunderts das Salzmonopol. Nur der Landesfürst durfte Salz gewinnen und verkaufen, die Einfuhr von billigerem italienischem Meersalz war und blieb verboten. Der jährliche Ertrag der Haller Saline soll um 1300 schon 1.000 Mark Perner betragen haben, was dem elften Teil des gesamten landesfürstlichen Jahreseinkommens entsprach. Bereits zu dieser Zeit muß Hall ein bedeutender Handelsplatz gewesen sein. Das Salz wurde vor allem nach Westen und Süden verfrachtet, ins Oberinntal, nach Vorarlberg, bis in die Schweiz und nach Schwaben. Innabwärts blieb der Haller Salzhandel unbedeutend.

Der neue Fußgängersteg über den Inn. Das im Jahr 1979 eröffnete Bauwerk weiß sich dem mittelalterlichen Antlitz der Stadt verpflichtet.

Am 3. Juli 1303 verlieh Herzog Otto von Kärnten und Tirol dem Markt das Stadtrecht, das den Hallern auch das Privileg zuerkannte, eine Brücke über den Inn zu schlagen, der bis dahin auf Flößen überquert werden mußte. (Die mittelalterliche Brücke bestand, immer wieder erneuert, bis 1970. Seit 1972 überspannt die neue Betonpfeilerbrücke den Fluß; 1979 wurde der neue Fußgängersteg eröffnet.) Herzog Otto durchbrach damit bewußt die verbriefte Monopolstellung von Innsbruck, dem Hall hinsichtlich Handel, Verkehr und Gastronomie bald den Rang abgelaufen hatte. Die junge Stadt entwickelte sich dank Innschiffahrt und Salzstraße – unter Umgehung von Innsbruck – rasch zum bedeutendsten Warenumschlagplatz im Inntal, spielte nach erfolgter Errichtung der Stadtmauern als einzige befestigte Siedlung zwischen Innsbruck und der Grafschaftsgrenze an der Zillermündung aber auch eine strategisch nicht unerhebliche Rolle.

Seine Blütezeit erlebte der Haller Salzberg im 15. und 16. Jahrhundert. Kaiser Maximilian I. ließ 1492 den Königsbergstollen anschlagen, der den Mittelpunkt des Salzberges bildete. Der Salzbergbau blühte auf, 1576 waren 236 Knappen im Bergwerk und fast gleich viel Männer in der Saline beschäftigt. Als wichtigstes Bergwerk Tirols überflügelte Hall bald den nahegelegenen Silberbergbau in Schwaz.

Dem steilen Aufstieg stellten sich immer wieder Katastrophen größten Ausmaßes entgegen, verhindern konnten sie ihn nicht: 1413 verwüsten die ins Land eingefallenen Bayern die Dörfer um Hall, zerstören die Soleleitung zur Saline und belagern die Stadt. 1447 legt eine Feuersbrunst den Großteil der Stadt in Schutt und Asche, 1464 geht der Schwarze Tod um, 1509 fallen neun Häuser dem Feuerteufel zum Opfer, 1518 tritt der Inn über die Ufer und überschwemmt die Untere Stadt, 1528 rafft die Pest 100 Bürger dahin, und im Mai 1552 dringen die „Schmalkaldner" in die Stadt ein. 1571 neuerliche Überschwemmung der Unteren Stadt, im Jahr darauf mehrere Erdbeben.

Das Salz befruchtete Handel und Gewerbe, Landwirtschaft, Verkehr, Schiffahrt, und diese brachten wieder reichen Verdienst. Die Haller waren tüchtige Wirtschaftstreibende, Händler, Handwerker, Kaufleute. Die Stadt entwickelte sich kräftig, war reicher, bedeutender und größer als Innsbruck, war die eigentliche Landeshauptstadt, wohlhabend und mit einer doppelt so großen Altstadt wie Innsbruck. Erst mit Verlagerung der Landesresidenz von Meran nach Innsbruck, mit der Gründung der Innsbrucker Universität im Jahr 1669 – von Hall durch den Aufschlag auf den Salzpreis mitfinanziert – und mit zunehmender Wichtigkeit als Regierungs- und Verwaltungszentrum überflügelte Innsbruck wieder die Nachbarstadt.

Blick vom Zunderkopf auf die Bauten und Stolleneingänge des Salzbergwerks bei den Herrenhäusern im Halltal und auf das Ißjöchl. Die Herrenhäuser beherbergen heute ein Museum zur Geschichte des Salzbergbaues.

Rund um Saline und Münze siedelte sich Industrie an. Besonders gefragt war Holz, das die Sudhäuser in ungeheuren Mengen benötigten. Für die in einem Jahr erzeugten 10.000 bis 15.000 Tonnen Salz brauchte man 28.000 Festmeter Holz. Eine Notiz aus dem Jahr 1290 besagt, daß 120.000 Stämme verfeuert wurden. Kohle wurde erst viel später verheizt. Aus immer größeren Entfernungen mußte das Brennmaterial für die Saline herangeschafft werden. Viele Wälder im Tiroler Oberinntal, in den Seitentälern und im Außerfern wurden dafür abgeholzt. Auf dem Inn triftete man das für die Saline benötigte Holz bis zum Haller Rechen heran. Christian Greil errichtete anno 1307 diesen sich mit der Haller Innbrücke kreuzenden Holzauffangrechen quer über den Inn. Hier wurden die Baumstämme aufgefangen, die im Oberinntal und anderswo für die Saline geschlägert und zu Wasser gebracht worden waren.

Mit der Ausweitung des Holzeinzugsgebietes gewannen weitere Wirtschaftszweige an Bedeutung: Handel und Transport. Es entwickelten sich regelrechte „Salzstraßen" mit „Salzstädeln" als Kennzeichen neuer Transitwege. Der Transport des Salzes förderte wiederum Handel und Verkehr, einerseits auf den Straßentransitwegen, andererseits auf dem Inn durch die Schiffahrt. Als Stapel- und Verladeplatz von Salz, Holz, Getreide und anderen Gütern wurde die Entwicklung von Hall als Markt und als Handelsstadt stark begünstigt. Auf dem Inn fuhren stromaufwärts – mit der „Hohenau" als Leitschiff – die „Klozillen" oder „Inngamsen" als Lastschiffe, „Plätten" und Flöße innabwärts.

Das seit 1316 belegte Wappensiegel der Stadt – eine aufrecht stehende Salzkufe – wertet der Tiroler Historiker Franz-Heinz Hye als Beweis dafür, daß Haller Salz von Anfang an in Fässern transportiert wurde. Demgegenüber weist der Verlauf der „Fassergasse" weit außerhalb der ehemaligen Stadtmauer auf eine späte Ansiedlung der Faßmacher hin. Und der Haller Stifts- und Salinenarzt Hippolytus Guarinoni (1571–1654) erhob anläßlich einer Pestepidemie die Mahnung, das Salz aus hygienischen Gründen nicht in Säcken, sondern in Salzkufen (Fässern; eine Kufe faßte 265 Kilo Salz) zu verpacken. Nach 1600 wuchs die Fasserzunft zur größten Haller Zunft. Insgesamt gab es damals 17 Zünfte in der Stadt; sie waren in Ermangelung einer Feuerwehr – sie wurde erst 1865 gegründet – zur Hilfe bei Feuersgefahr verpflichtet. Die bei der Fronleichnamsprozession mitgetragenen Zunftstangen und Zunftfahnen erinnern noch heute an die Blütezeit des Kleingewerbes.

Die Arbeit in der Saline und im Berg war mannigfachen Änderungen unterworfen. Insbesondere Maximilian I. und Ferdinand I. erließen mehrere neue Ordnungen sowohl für das Pfannhaus als auch für den Salzberg. Bis zum Ende des 17. Jahrhunderts fuhren die Knappen zwischen Georgi (24. April) und Michaeli (29. September) elf Schichten zu je sechs Stunden in der von Montag früh bis Donnerstag abends dauernden Woche; von Michaeli bis Georgi sank die Zahl der Wochenschichten auf zehn. Die Wochenarbeitszeit eines Knappen betrug 42 Stunden (sieben Einfahrten zu sechs Stunden). 1873 wurde die 48-Stunden-Woche (acht Einfahrten) eingeführt.

Im Salzberg fanden in guten Zeiten bis zu 300 Knappen Beschäftigung, in schlechten nur etwa 100. Nach getaner Arbeit im Berg marschierten die Knappen hinunter ins Tal zu ihren Familien. Die meisten führten nebenher eine kleine Landwirtschaft, weil der oft karge Verdienst am Berg nicht reichte. Nur langsam verbesserten sich die Arbeitsbedingungen. Aber nie gab es Unruhen oder Streiks der

Das Wappen der Stadt Hall.

Knappen, im Gegenteil, die Knappen bewahrten bis in unsere Tage stets eine starke emotionale Beziehung zu ihrem Salzberg. Schließlich bot der Berg Generationen von Arbeitern Brot und Verdienst, Gesundheits- und Altersvorsorge (eigenes Krankenhaus, Beihilfenzahlungen an Hinterbliebene usw.).

Die jährliche Salzproduktion betrug 9.300 Tonnen im Jahr 1507 und erreichte um 1600 (16.800) und um 1800 (15.680) beachtliche Höchstwerte. Die fortschreitende Mechanisierung der Arbeit ermöglichte ab 1964 die Produktion von 12.000 Tonnen Salz pro Jahr mit einer nur 70köpfigen Mannschaft. Die Stillegung des Salzberges, des ältesten Tiroler Industriebetriebes, am 5. August 1967 durch die Bundesregierung ließ die Fahnen auf halbmast wehen. Es war der traurigste Tag für die Knappen, für die Salzbergler und für die Gemeinden Absam, Hall und Thaur.

Hall und seine Münze

1477 verlegte Erzherzog Sigmund, der „Münzreiche", die landesfürstliche Münzprägestätte von Meran nach Hall in den Ansitz Sparberegg. Mehrere Überlegungen waren dafür ausschlaggebend gewesen: Als Zentrum des Tiroler Salzhandels hatte Hall zu wirtschaftlicher Blüte gefunden; als Kopfstation der Innschiffahrt kam dem neuen Münzort besondere Bedeutung im Güterverkehr zu. Die vielen ausländischen Münzen mußten eingeschmolzen und zu neuen Geldstücken verarbeitet werden. Der Transport nach Meran schien nicht zuletzt wegen der drohenden Türkengefahr nicht ratsam, und auch die Nachbarschaft zu den Schwazer Silbergruben sprach für den neuen Standort.

In den ersten Jahren schlug die Haller Münze nur Vierer und Kreuzer, daneben aus Prestigegründen den neuen Goldgulden. Erzherzog Sigmund bestellte sodann den Norditaliener Antoni vom Ross (Antonio de Caballis) zum obersten Amtmann der Haller Münze. Die Ausprägung des Pfundners, dessen zweite Ausgabe mit dem Brustbild des Erzherzogs zum ersten Mal im deutschen Sprachraum ein konkretes Fürstenporträt zeigte, brachte nicht den gewünschten Erfolg. Die Haller Münze reagierte sofort und prägte Halbpfundner im Wert zu sechs Kreuzern aus (Sechser). 1484 ging man noch einen Schritt weiter und schlug ein Silberstück im Wert von 30 Kreuzern, was einem halben Goldgulden ent-

Der „Münzerturm" – das Wahrzeichen der Stadt.

sprach. Zwei Jahre später wagte man sich an die Ausprägung des Guldiners, dessen Name nicht auf das verwendete Edelmetall hinweist, sondern auf den Gegenwert, den die Silbermünze hatte. Damit hat die moderne Silberwährung ihren Ursprung in Hall; der „Guldiner", die erste dem Goldgulden wertgleiche Silbergroßmünze der Welt, wurde zum Vorbild der vom 16. bis 18. Jahrhundert den europäischen Raum beherrschenden Talerprägung und zum Vorgänger des Dollars. Das Währungswesen der damaligen Zeit wurde von Hall aus revolutioniert, die mittelalterliche Prägung damit abgeschlossen. Der Taler sicherte den stärkeren Geldbedarf der neuen Großwirtschaft und des aufblühenden Fernhandels. Für das hohe Ansehen des Haller Talers sorgten sein gleichbleibend hoher Silbergehalt und die dadurch bewirkte Wertbeständigkeit. Dreihundert Jahre lang etablierte sich der „Guldiner" als beständigste europäische Silbermünze. Der Taler geht auf eine Idee des Handelsriesen Fugger zurück, Erzherzog Sigmund setzte diese Idee in Hall für ganz Österreich bzw. Europa um. Die großzügigen Prägungen waren allerdings nur aufgrund der großen Silbervorkommen in Schwaz möglich. Zur Blütezeit der Haller Münze – unter Kaiser Rudolf II. – erreichte die Ausprägung des Haller Talers um 1600 mit mehreren hunderttausend Stück ihren Höhepunkt.

Mit der währungstechnischen Meisterleistung des Talers ging eine münztechnische Umwälzung Hand in Hand. Europa brauchte immer mehr Geld, das die bisher gebräuchliche mühsame Hand- und Hammerprägung nicht herzustellen in der Lage war. In Hall ging das erste vollkommene Walzwerk für Prägungen, die erste, vom Haller Techniker Hans Vogler entwickelte maschinelle Münzprägung, in Betrieb, das 1566 von Hall aus seinen Siesgeszug durch ganz Europa antrat. Münzämter in der ganzen Welt wurden von Hall aus eingerichtet. Mit Hilfe der Wasserkraft prägen zwei rotierende Metallwalzen mit eingravierten Stempeln das Münzbild auf ein Silberband. Die Technik der Walzenprägung bewährte sich bis zur Erfindung der Spindelpressen im 18. Jahrhundert. Dank dieser technischen Errungenschaften mit maschineller Prägung konnten in Hall pro Tag bis 8.000 Münzen geprägt werden, Ende des 16. Jahrhunderts stieg die Jahresproduktion auf zwei Millionen Münzen.

Die Prägung von künstlerisch hochwertigen Schaumünzen, die als Geschenke an wichtige Persönlichkeiten Verwendung fanden, bildete ein großes Anliegen von Kaiser Maximilian I. Er benützte die „Schautaler" zur Dokumentation seines politischen Programms und wichtiger Ereignisse seines Lebens. So gesehen, betrieb er erstklassige Öffentlichkeitsarbeit. Mit der Ausprägung von Sondermünzen und Schautalern, für deren künstlerische Gestaltung berühmte Stempelschneider sorgten, erbrachte die Haller Münze eine weitere Meisterleistung. Mit der Vereinheitlichung des Münzwesens, der künstlerischen Gestaltung und der immer besseren münztechnischen Herstellung gelang schließlich die Kombination von Münze als Geld- und Schaustück, glückte die harmonische Einheit von Zahlungs- und Propagandamittel.

Die Haller Münze arbeitete während ihres gesamten Bestandes als Staatsbetrieb, entweder für die Tiroler Landesfürsten oder später als gesamtösterreichische Münzstätte. Die Sondermünzen und Schautaler entsprachen dem Gegenwert von zwei bis fünf Talern, also echten Münzen, und hatten die gleiche Funktion wie heute die 50- oder 100-Schilling-Silbermünzen. In Hall wurden auch die ersten Münzen im Auftrag des Volkes geprägt. Andreas Hofer ließ 1809, in den wenigen Monaten des freien Tirol im Kampf gegen Napoleons Zwangsherrschaft, die berühmten „Hoferzwanziger" („Sandwirtszwanziger") und „Hoferkreuzer" prägen.

Die Stadt wählte 1971 die „Zukunft der Vergangenheit" als Motto und beantragte beim Finanzminister die Wiedereröffnung der Münze. Die Burg Hasegg mit dem Münzerturm sollte als eines der bedeutendsten Baudenkmäler des Landes Tirol restauriert und revitalisiert werden. Die Wiedereröffnung der ältesten Hochleistungsmünze Europas erfolgte 1975 – 166 Jahre, nachdem die Bayern dem Haller Münzwesen ein Ende bereitet hatten. Ein langer Weg vom „Zwanziger" bis zum „Olympiahunderter". Hall ist seither Österreichs zweiter Münzprägeort, in dem in unregelmäßigen Abständen Geldmünzen und Medaillen hergestellt werden, wobei die Haller Auflage für Sammlerzwecke in hochglanzpolierter Auflage angeboten wird. Höhepunkt dieser Neuprägungen war die Ausgabe von drei Olympiamünzen für die Olympischen Winterspiele 1976 in Innsbruck. Der Tiroler Adler als Münzzeichen Halls läßt die Herzen der Numismatiker in aller Welt höher schlagen. Hauptstandbein der Haller Münze ist heute die

Hall im 18. Jahrhundert. – Stich von J. Hinchliff nach einer Vorlage von Th. Ender. Bemerkenswert ist, daß der Zeichner wohl das Dorf Ampaß darstellt, für Innsbruck aber keinen Strich opfert.

Medaillenprägung für verschiedene offizielle oder private Anlässe. Besucher der Münze können selbst Erinnerungsmedaillen schlagen. Man legt den Münzrohling in den Prägestock und schlägt mit dem Hammer zu, fertig ist die selbstgeschlagene „Münze".

Mit der Gründung eines numismatischen Zentrums in der Burg Hasegg durch die Tiroler Numismatische Gesellschaft, mit der schrittweisen Adaptierung und Revitalisierung des gesamten Burgkomplexes für verschiedene kulturelle Belange, mit der Übersiedlung bzw. Erweiterung des Haller Stadtmuseums in der Burg und mit der Anlage eines technischen Münzmuseums wurde innerhalb von zwei Jahrzehnten eine der großartigsten Tiroler Burganlagen zu neuem Leben erweckt und ein kultureller Impuls für die Gemeinde erreicht. Der Münzerturm als Wahrzeichen von Hall bietet den Besuchern einen wunderbaren Nahblick auf die Stadt. Im spätgotischen Burghof finden fallweise szenische Aufführungen statt, Theater wechselt mit Konzerten. In der Burg präsentiert eine Galerie Kunst der Gegenwart. Das künstlerische Prunkstück der Burg, die St.-Georgs-Kapelle, ist als Hochzeitskapelle aktiviert und beliebt. Hall schöpfte am Beispiel Burg Hasegg und Münzerturm Kraft und Ideen für die Revitalisierung seiner großen Altstadt, seiner kulturellen Tradition.

Die Handelsgeschichte von Hall führt uns noch einmal zurück in das frühe 14. Jahrhundert. 1303 verlieh Herzog Otto von Görz-Tirol Hall das Stadtrecht. Das bedeutete freie Wahl des Stadtrichters durch die Bürger, freie Verfügungsgewalt über ihr Vermögen, Niederlags- und Marktrecht. Alle in Hall angelieferten Güter mußten in der Stadt feilgeboten werden. Daher strömten viele fremde Kaufleute zu den Haller Märkten. Der Haller Markt hat also lange Tradition. Schon 1356 fragten die Haller beim Landesfürsten an, ob sie wie die Innsbrucker Bürger Märkte abhalten dürften. Selbstverständlich intervenierten die Nachbarn heftig, trotzdem bewilligte der Landesfürst den Hallern die Abhaltung von zwei je acht Tage dauernden Jahrmärkten, einmal nach Georgi (24. April), den zweiten nach Galli (16. Oktober). Zur Markteröffnung wurde von der Kanzel am Rathaus die Marktfreiheit verkündet. Dann erhielt der „Roland", der früher am Marktbrunnen am Oberen Stadtplatz (heute Marienbrunnen) thronte, statt des Szepters ein Schwert in die Hand gedrückt. Ab sofort galt Marktrecht. Die Haller Märkte entwickelten sich rasch zu einer wirtschaftlich bedeutsamen Einrichtung. Die Obrigkeit kontrollierte die Qualität der Waren und achtete darauf, daß mit dem rechten Maß gerechnet wurde. Das Stadtamt sorgte sich auch um die Sicherheit der Besucher und der Marktfahrer. Ausgenommen von diesem Schutz waren Mörder, Räuber, Diebe, Brenner und Verräter. Innerhalb der Stadtmauern unerwünscht waren Bettler, Gaukler, Spielleute und Landstreicher. Auch Spiel- und Kegelplätze waren verboten. Die Haller Märkte hatten noch nichts von volksfestähnlichem Charakter.

Der Haller Markt zählte – neben denen von Innsbruck und Bozen – bald zu den wichtigsten im Lande und war zeitweise so bedeutend, daß während der Haller Marktzeit an der Innsbrucker Universität die Lehrveranstaltungen entfielen. Mit der Einstellung der Innschiffahrt 1858 und dem Ausbau der Eisenbahn durch das Unterinntal sank der Haller Markt in die Bedeutungslosigkeit. Erst hundert

Gelungene Revitalisierung am Beispiel der Wallpachgasse.

Jahre später besann sich die Haller Kaufmannschaft der großen Tradition. Neben den viermal jährlich abgehaltenen Krämermärkten wurde ein neuer Jahrmarkt, der Sommermarkt, aus der Taufe gehoben.

Durch die Saline siedelten sich in Hall schon früh viele Bergarbeiter und Dienstleistungsbetriebe an. Die Salzbergarbeiter verdienten nicht schlecht, und weil das Salz in der damaligen Wirtschaftsstruktur einen hohen Stellenwert genoß, ließen sich auch viele wichtige Persönlichkeiten, die ihren gewohnten Lebensstandard nicht missen wollten, in Hall nieder. Die Bedürfnisse aller zu stillen, war Aufgabe des stetig wachsender Kaufmannsstandes. Als letzte schiffbare Station am Inn etablierte sich Hall als Umschlag- und Verladeplatz von Waren für deren Weitertransport nach Osten innabwärts per Schiff oder süd- und westwärts mit Maultieren und Ochsenkarren. Die Landesfürsten verwöhnten die Kaufleute durchaus mit Privilegien, was der Entwicklung des Handels und damit den landesfürstlichen Finanzen nur förderlich war.

Die große Zahl von Beschäftigten in Salzberg, Saline, Glashütte, Münze und in den daraus resultierenden Gewerbebetrieben machten Hall abhängig von Fleisch- und Getreideimporten, denn die Landwirtschaft um Hall reichte zur Versorgung der Bevölkerung nicht aus. Für die Saline mußten Unmengen von Materialien angeliefert werden, wie etwa Fett für die Grubenlampen und als Schmiermittel.

Bergsegen und Warenverkehr begünstigten zahlreiche Gaststätten und eine große Zahl an Bäckern und Metzgern. 1647 nennt das Steuerverzeichnis 20 Gastgeber, 15 Bäcker, 13 Metzger und einige Brauereien. Wenn Wein von Südtirol nach Bayern transportiert und in Hall von der Landstraße auf die Innschiffe umgeladen wurde, „schnitten" die Haller mit. Der Haller Stadtrat gestattete den bayrischen Händlern nämlich nicht, die Fracht direkt zu übernehmen und zu verrechnen, dies durften nur Haller, die dabei nicht schlecht verdienten. Sie schlossen sich 1581 zu einer freien Gilde der Kaufmannschaft zusammen. Die bedeutende Stellung des Haller Handels unterstreicht, daß Anfang des 16. Jahrhunderts das berühmte Augsburger Bankhaus der Fugger in Hall eine eigene Faktorei unterhielt. Das massive Auftreten der Großmärkte und Einkaufszentren und in deren Gefolge das Greißlersterben brachten die Haller Kaufleute 1973 wieder enger zusammen. Sie organisierten sich in der „Aktionsgemeinschaft Handelsstadt Hall", die das Image der Handelsstadt Hall kräftig aufpoliert.

Hall, seine Kirchen und Klöster

Die Haller Stadtpfarrkirche wurde vor 1281 erbaut und dem hl. Nikolaus, dem Patron der Bergleute und Schiffer, geweiht. Das wohl einschiffige Gotteshaus in romanischem Stil erhielt nach der Stadterhebung Halls im Jahr 1303 zumindest einen größeren Chorraum, den Heinrich der Maurer aus Hall aufgeführt haben soll (1315–1318). 1345 wurde der Kirchturm aufgezogen, dessen Oberteil beim Erdbeben 1670 einstürzte und durch einen kupfergedeckten Zwiebelhelm ersetzt wurde.

Obwohl 1352 ein neues Langhaus errichtet wurde, erwies sich die Kirche nach wenigen Jahrzehnten wieder als zu klein. Die Stadt erteilte dem aus Oberbayern stammenden Meister Johann Sewer (Seoner) um 1420 den Auftrag, die Pfarrkirche erneut zu vergrößern, wobei der Chor als groß genug erachtet wurde, daher bestehenbleiben und in den Neubau integriert werden sollte. Ein schwieriges Unterfangen. Sewer ließ den Chor um etwa drei Meter erhöhen und neu einwölben sowie das bestehende Langhaus niederreißen und durch ein neues, dreischiffiges und wesentlich größeres ersetzen. Da die Kirche am Rand einer Geländeterrasse steht, mußte die südliche Langhausmauer an die Stelle der alten gesetzt werden, sodaß die Erweiterung des Innenraumes nur in westlicher und nördlicher Richtung möglich war. Das führte dazu, daß das Mittelschiff gegenüber dem Chor eine auffallend asymmetrische Stellung aufweist. 1494 wurde der Westfassade die Vorhalle mit der Fiegerkapelle („Porkirch") vorgesetzt. Weitere Veränderungen am äußeren gotischen Erscheinungsbild der Pfarrkirche erfolgten nicht mehr, der Innenraum hingegen wurde im 18. Jahrhundert barockisiert, von den gotischen Ausstattungsstücken sind einige erhalten geblieben (z. B. Fresko, den Schmerzensmann darstellend, an der Nordwand des Langhauses; Holzplastik, „Christus auf dem Palmesel", im Chorraum; die 1505 geweihte Waldaufkapelle, in der sich das umfangreichste Programm mittelalterlicher Heiltümer in Tirol erhalten hat). Aus dem Jahr 1506 stammt das Weihwasserbecken aus rotem Marmor.

Die 1751/52 entstandenen Deckenfresken schuf Josef Adam Mölk, das Altarblatt des für diese Zeit typischen schwarzgold gehaltenen Barockaltars der Rubensschüler Erasmus Quellinus.

*Wer in Innsbruck nicht Schießen,
in Hall nicht Läuten
und in Schwaz nicht Singen gehört hat,
der ist nicht in Tirol gewesen.*

So lautet ein alter Unterinntaler Spruch. Er kündet vom großen Haller Stolz, dem Glockengeläute im Turm der Stadtpfarrkirche. Zu Zeiten, als die Glocken noch händisch geläutet wurden, war dies eine Kunstfertigkeit der „Läuterbuben". Das Haller Geläute bildet geradezu ein Markenzeichen der Salinenstadt. In ihm schwingt jener musische Hauch, der den Boden für kulturelles Empfinden und entsprechende Aktivitäten bereitet.

Die Pfarrkirche wacht über dem kleinen St.-Josefs-Kirchlein an ihrer Nordseite, einem achtseitigen Zentralbau mit Kuppel und zwiebelgeschmücktem, kleinem Turm. Der kleine Sakralbau wurde 1695/98 anstelle der von Ritter Florian Waldauf gestifteten Wolfgangskapelle errichtet, die beim großen Erdbeben 1670 vom einstürzenden Pfarrturm zerstört worden war.

Eine Sehenswürdigkeit ungewöhnlicher Art ist die zweigeschossige quadratische St.-Magdalena-Kapelle. Östlich der Pfarrkirche, tief geduckt, steht dieser vielleicht älteste Bau von Hall, aus zwei klei-

Das Kupferdach der Haller Stadtpfarrkirche zum hl. Nikolaus. Das St.-Josefs-Kirchlein, scheinbar abseits und doch ein Blickfang, drängt sich in den Schutz der Pfarrkirche (Bild unten).

nen Kirchen bestehend, die übereinander gebaut wurden. Das Kirchlein St. Jakob soll schon gestanden sein, als die ganze Gegend noch unbesiedelt war. Es ist heute profaniert und beherbergt ein Geschäftslokal. In dem darüber befindlichen Magdalenakirchlein (heute Magdalenakapelle, Gefallenengedächtniskapelle), 1320 als Friedhofskapelle der Stadt in romanischem Stil erbaut, wurden schon 1330 Frühmessen gestiftet. Der Sakralraum birgt kunsthistorisch bedeutsame Fresken von einem der vielen oberitalienischen Wandermaler, die Ende des 14. Jahrhunderts die Kunst im Stile Giottos auch nach Nordtirol brachten. Das bunte „Weltgericht", mit 1466 datiert, verrät erzählfreudig die Handschrift von Meistern, die von der Brixner wie von der schwäbischen Kunst beeinflußt sind. Ein einheimischer Meister schnitzte um 1490 den spätgotischen Flügelaltar, der ursprünglich im Klosterkirchlein Sankt Magdalena im Halltal aufgestellt war. Erwähnenswert ist auch das Sakramentshäuschen aus Sandstein.

Der Aufgang vom Oberen Stadtplatz zur Pfarrkirche. Im Wettstreit mit der schlanken Pappel, der zierliche Turm der Jesuitenkirche. Herrscherin über die Dachlandschaft der Unterstadt – die Stiftskirche.

Südlich der Pfarrkirche befand sich einst an der Bräuhaustreppe das Schneiderkirchlein. Es wurde um 1820 abgetragen und nicht mehr aufgebaut.

Die östliche Flanke der Altstadt beherrschen die Allerheiligen- oder Jesuitenkirche (1608 erbaut) und die geräumige, einschiffige Stiftskirche mit typischem Renaissanceportal. Beide Gotteshäuser gehörten ursprünglich zum königlichen Damenstift. Gründerinnen des Stiftes waren die Töchter Kaiser Ferdinands I., Magdalena, Helena und Margaretha. Die im Innern mit feinem Stuck geschmückte, im Frührenaissancestil erbaute Stiftskirche wurde 1570 eingeweiht. Nach dem schweren Erdbeben von 1670 erhielt die Kirche statt des früheren Spitzhelms die heutige Kuppel.

Die Zahl der Stiftsdamen betrug im Schnitt 40 Mitglieder, die eine Art klösterliches Leben führten. Andacht und Mildtätigkeit lautete ihr Lebensziel. Über Wunsch der Erzherzogin Magdalena kamen 1569 Jesuiten nach Hall, denen sie 1638 anschließend an das Stift ein Collegium und eine Kirche, die vorhin genannte Allerheiligenkirche, die lange Zeit als Gymnasial- und Schulkirche diente, erbauen ließ. Seit gut 25 Jahren finden in diesem reich ausgestatteten Gotteshaus anspruchsvolle von der Galerie St. Barbara organisierte Konzerte statt. Die Jesuiten gründeten gegenüber dem Kolleg 1573 ein Gymnasium (1710 nach dem Erdbeben neu erbaut und mit barockem Theatersaal ausgestattet; heute Volksschulgebäude mit Stadtsaal) und unterrichteten bis zur Aufhebung des Ordens, 1773. Die personelle und finanzielle Betreuung des Haller Gymnasiums übernahmen in der Folge die Benediktiner aus dem Kloster St. Georgenberg-Fiecht (bis 1840). Zur Zeit der bayrischen Regierung in Tirol war das Gymnasium aufgehoben; erst als Tirol wieder zu Österreich kam, wurde es wieder eröffnet. Nach den Benediktinern führten die Franziskaner das Gymnasium. Sie tun es bis heute. Das inzwischen in die Kathreinstraße übersiedelte Gymnasium ist mit Öffentlichkeitsrecht ausgestattet, die Stadtgemeinde als Schulerhalter trägt die Schulkosten – einmalig in Österreich. Seit 1970/71 werden auch Mädchen am Gymnasium unterrichtet.

Das Jesuitenkolleg wurde 1818 in ein Militärerziehungshaus für das Kaiserjägerregiment umgewandelt und diente dann als Kaserne, später als Berufsschule. Heute beherbergt der Komplex das Bezirksgericht.

Die Stiftsgebäude wurden mit Auflösung des Stiftes anno 1783 zunächst für die Berg- und Salinendirektion verwendet, seit 1845 als Stadtspital. (Das Spital übersiedelte 1911 in den mittlerweile mehrmals erneuerten Neubau an der Milser Straße.) Die – ebenfalls aufgelassene – Stiftskirche, deren Inventar ausgeräumt und teilweise versteigert wurde, diente als Waffendepot für die Landsturmmannschaften, ehe sie 1914 als Herz-Jesu-Basilika (Basilica minor) und Landesheiligtum wieder eingeweiht und ihrer ursprünglichen Funktion zugeführt werden konnte. Seither erfüllt die „Kongregation der Töchter des Herzens Jesu" (in Antwerpen 1873 gegründet) in Kirche und Kloster ihre kontemplativen Aufgaben. In Hall heißen die Nonnen wegen ihres weißen Ordenskleides die „Weißen Tauben".

Der „Patergraben" am westlichen Rand der Altstadt weist auf die Nähe des Franziskanerklosters hin. Die Franziskaner bezogen 1635 die ehemalige Glashütte auf der Lend und adaptierten sie behelfsmäßig als Kloster. Nordwestlich der Altstadt, am „Gänsebichl" jenseits des Stadt-

Die Klosterkirche Thurnfeld im Jahre 1964.

Unterer Stadtplatz: Das Kloster der Tertiarschwestern vom hl. Franziskus mit der Heiliggeistkirche im Jahr 1926, die heute als Kloster- und Schulkirche dient. Sie ist die zweitälteste Kirche der Stadt. Der Zubau für die Hauptschule und die Turnhalle wurden erst im Jahre 1929 errichtet.

grabens, erwarben die „minderen Brüder" 1644 ein Feld für den Bau eines Klosters und einer Kirche. Erst zwölf Jahre zuvor eingeweiht, legte 1760 eine Feuersbrunst die Gebäude in Schutt und Asche. Mit Hilfe von Erzherzogin Maria Theresia konnten die Bauwerke wieder errichtet werden. Zum Kloster gehört das Gymnasialkonvikt „Leopoldinum".

In der Unteren Stadt steht beim alten Spital die Heiliggeistkirche, die heute als Kloster- und Schulkirche der Tertiarschwestern vom hl. Franziskus dient. Sie ist die zweitälteste Kirche der Stadt, in ihrer ursprünglichen Form aber nicht erhalten, weil sie nach dem Erdbeben von 1670 neu aufgebaut werden mußte. Im leerstehenden Spitalsgebäude richteten die Schulschwestern 1851 eine Mädchenschule ein. Sie betreuen auch das „Klaraheim" für Alte und Kranke.

Die Salvatorkirche in der gleichnamigen Gasse stiftete zu Beginn des 15. Jahrhunderts der Hausbesitzer Johann von Kripp zur Buße an jener Stelle, wo in dem baufälligen Haus beim Versehgang in einer ärmlichen Wohnung der morsche Fußboden gebrochen und die Hostien verstreut worden waren. In dieser Kirche predigte der Lutheraner Jakob Strauß die protestantische Lehre, und die Nonnen des abgebrannten Klösterchens St. Martin im Gnadenwalde benützten das Gotteshaus während ihres Aufenthaltes in Hall vorübergehend als Klosterkirche. Wegen des großartigen Weltgerichtsfreskos lohnt ein Besuch der Kirche. Das Fresko wird Meister Hans von Bruneck, dem in Padua geschulten Hauptmeister des „weichen Stils", zugeschrieben. Die Salvatorkirche steht etwas abseits am Rande der Altstadt südlich der „Nagglburg"; sie hat der alten Hauptverkehrsader, der ehemaligen Marktgasse, die

Hall, die „Stadt der Kirchen und Klöster", im Jahr 1900. Stich eines unbekannten Meisters nach einer Fotografie von C. A. Czichna.

von der Unteren Stadt nach Westen zum Thaurertor führte, den neuen Namen gegeben. Für die Einheimischen ist es aber nicht die „Salwátorgasse", sondern die „Salfatórgasse".

Im Zufluchtshaus zum hl. Vinzenz von Paul in der Fassergasse gründeten 1863 die Barmherzigen Schwestern aus Zams ein Heim für Büßerinnen sowie Schulen mit Pensionat. Seit 1945, nach der Bombardierung, führen die Schwestern das Altersheim „Zum Guten Hirten" (oder „Elisabethheim").

Zum einstigen Schloß Scharnstein (auch Schärnstein oder Scheidenstein) im Westen Halls gehörte seit 1584 eine kleine Kapelle, die 1740 einen Turm mit drei Glocken erhielt. Amerikanische Fliegerbomben zerstörten das kleine Gotteshaus bei der Bombardierung des Haller Bahnhofs im Jahr 1945; es wurde nicht mehr aufgebaut.

Thurnfeld war zunächst ein Augustinerinnenkloster, ehe es 1571 als Edelansitz des Damenstiftes zur Erholung der Stiftsfräulein und zur wirtschaftlichen Versorgung des Stiftes diente. Im Norden gegen Absam situiert, bestand Thurnfeld aus Mühle, Ökonomiegebäuden, Äckern und Obstgärten, umfangen von einer hohen Mauer, deren Ecken runde Türme flankierten. Der Besitz kam 1854 an bayrische Salesianernonnen, die ein großes Kloster mit neuromanischer Kirche bauten. Die Ordensschwestern „von der Heimsuchung Mariä" eröffneten ein Erziehungsinstitut für Mädchen, später eine Sonderschule sowie ein Heim für Behinderte. Heute beherbergen die Gebäude auch zwei Berufsschulen (die eine für Floristen und Blumenbinder, die zweite für Gold- und Silberschmiede).

Kuppel in der Stiftskirche.

Die Barmherzigen Schwestern vom Heiligen Kreuz (Mutterhaus Ingenbohl in der Schweiz) siedelten sich im Jahr 1910 in der Bruckergasse gegenüber Thurnfeld an. Sie führten ein Sanatorium für die Ordensangehörigen und betreuten viele Jahrzehnte das St.-Anna-Heim, das „Haus am Glashüttenweg" auf der Lend (früher Städtisches Altersheim und „Greisenasyl" genannt) und das Bezirkskrankenhaus.

Ein weiteres Kloster befand sich einst im Altbau des heutigen Landesnervenkrankenhauses. Sechs Nonnen aus dem Brixner Klarissenkloster bezogen im Jahr 1720 die Heim- und Andachtsstätte. 60 Jahre später wurde das Kloster aufgehoben und blieb lange ungenutzt, ehe es 1830 als „Landschaftliches Irrenhaus für Deutschtirol" eingerichtet wurde. Das Haus mußte wegen Überfüllung – in Spitzenzeiten zählte man bis zu tausend stationär aufgenommene Patienten – ständig vergrößert werden. Die Haller nannten es das „Gelbe Haus" (oder die „Heile"), einzelne „Freigänger" gehören zum Stadtbild. Erst mit dem Einzug der modernen Psychiatrie wandelte sich das Landesnervenkrankenhaus zur Stätte der Betreuung.

Stadt der Kultur

Die Haller waren stets ein ausgesprochen bildungshungriges Volk. Die älteste „Schulnachricht" (aus dem Jahr 1342) gibt Hinweis auf eine Lateinschule, die schon zu Beginn des 14. Jahrhunderts gegründet worden sein dürfte. Diese Schule, deren Aufgabe die Heranbildung von „Singschülern", Sängern für den Gottesdienst, war, bezog zunächst in der Krippgasse (Haus Nr. 4) Quartier und übersiedelte später in die Schulgasse (Haus Nr. 1). Neben der Lateinschule existierte schon früh eine der heutigen Volksschule entsprechende „deutsche" oder Normalschule. Heute bestehen neben Volks- und Hauptschulen, Sonderschule und polytechnischem Lehrgang ein Gymnasium, eine Handelsschule und Handelsakademie, eine Berufsschule für Optiker und Fotografen, eine Berufsschule für Floristen und Blumenbinder, eine Berufsschule für Gold- und Silberschmiede, eine Krankenpflegeschule sowie eine Musikschule.

Der Lange Graben.

Eine Zeitlang war Hall sogar als Sitz der Landesuniver-sität im Gespräch. Bereits 1544 beriet man in Tirol über eine Hochschulgründung, und Salzmair Georg Fueger stellte in einem Gutachten fest, daß die Hohe Schule nirgendwo besser errichtet werden könne als in Hall. Die Regierung zeigte sich einverstanden, doch zerschlug sich der Plan, weil die Stadtväter zwar ein Gebäude, nicht jedoch das notwendige Kapital zu widmen bereit waren. Nach mehr als einem Jahrhundert wurde der Plan der Gründung einer Landesuniversität neuerlich aufgegriffen. Man errichtete sie schließlich in Innsbruck, wobei Hall insofern eine Rolle spielte, als die finanziellen Mittel gemäß kaiserlicher Verfügung von 1669 durch einen Aufschlag auf den Haller Salzpreis aufgebracht werden mußten.

Eine alte, vielleicht die älteste Bildungseinrichtung der Stadt ist die „Haller Stubengesellschaft", 1508 als Trinkstube des Adels und des gehobenen Bürgerstandes gegründet. Bis heute entfaltet die Stubengesellschaft eine reiche kulturelle Tätigkeit als Veranstalterin von Vorträgen, Führungen und Kulturreisen. Florian Ritter von Waldauf, der Begründer der Gesellschaft, richtete 1510 auch eine Bücherei zur theologischen Weiterbildung der Geistlichkeit ein. Daneben besteht eine öffentliche Stadtbücherei (heute in vorbildlich gestalteten Räumen im ehemaligen Bräuhaus in der Salvatorgasse untergebracht), die aus dem Reinertrag der Feiern zum 600-Jahr-Jubiläum der Stadterhebung 1303–1903 gegründet wurde.

Eine Filmbühne bespielte die Haller von 1910 bis 1970, ein zweites Kino existierte nur von 1962 bis 1978. Open-air-Theater

Nach Ritter Waldauf benannte die Stadt eine ihrer prächtigen Gassen.

gab es am Oberen Stadtplatz schon im 15. Jahrhundert. Überliefert sind ein Fasnachtsspiel (1426), ein Osterspiel und ein Passionsspiel. Weltliche Theaterspiele dürften eher nur in kleinem Kreis stattgefunden haben. 1454 ist von einem Freudenspiel die Rede, das Erzherzog Sigmund aufführen ließ. Das 1573 gegründete Jesuitengymnasium brachte neuen Schwung in das Theaterleben. Jedes Schuljahr endete mit einem Spiel. Am Haller Gymnasium besteht seit über 400 Jahren, seit 1578, eine Marianische Studentenkongregation, die zur Barockzeit das geistliche Spiel im Stil des spanischen Jesuitendramas pflegte und die Prozessionen mit prunkvollen Darstellungen aus der Heilsgeschichte belebte. Die hohe Zeit des geistlichen Spiels dauerte bis 1765, dann verbot ein kaiserliches Dekret alle derartigen Darstellungen. Im 19. Jahrhundert wurden sogar die Volksschauspiele verboten. Trotzdem feierte das Tiroler Bauernspiel just zu dieser Zeit seine Auferstehung. Das „Innsbrucker Theaterpersonal" gastierte in Hall, das Pradler Bauerntheater führte um 1850 „Winterspiele" auf. In diesem Jahrhundert nahmen sich das Studententheater im „Leopoldinum" und der Kolpingverein des Theaterspiels an. 1981 wurden in Hall die Tiroler Volksschauspiele ins Leben gerufen, die heute in Telfs beheimatet sind. Eindrucksvolle Spielbühne war der Hof der Burg Hasegg.

Interessante Einblicke in die Ur- und Frühgeschichte von Hall vermittelt das Stadtmuseum. Früher im Rathaus untergebracht, übersiedelte es im Zuge der Revitalisierung der Burg Hasegg in die prachtvollen Räume dieser historischen Stätte. Das Museum offenbart eine bemerkenswert feine Spätgotiksammlung. Die Flügel eines Altares, den Florian Waldauf zu Waldenstein, ein enger Vertrauter Maximilians, für die von ihm gestiftete Heiltumkapelle in der Stadtpfarrkirche bei Marx Reichlich in Auftrag gegeben hatte, bestechen durch ihren malerischen Realismus und die herausragenden Stifterporträts. An Waldauf erinnern auch einige Reliquiare seiner Heiltumsammmlung, kunstvolle Goldschmiedearbeiten aus der Zeit um 1500, und ein großer Totenschild. Viele weitere Exponate dokumentieren das wirtschaftliche und kulturelle Leben Alt-Halls und das religiöse Brauchtum aus vergangenen Jahrhunderten bis in unsere Tage. Sakrale Kunst, Salzgewinnung, Münzprägung, Innschiffahrt, Zünfte, Schützenwesen und viele andere Gebiete werden in Bildern, Modellen und Exponaten „lebendig".

Apropos Schützen. Auf der „Zielstatt" im Stadtgraben übten sich die Haller einst im Gebrauch der Armbrust. Schon 1424 wurde die Sebastiani-Schützenbruderschaft gegründet, die seither ohne Unterbrechung 570 Jahre besteht und als Haller Schützengilde rege sportliche Tätigkeit entwickelt. Sie rücken im braunen Rock, Hut mit Adlerflaum und schwarzer Hose aus. Seit dem 16. Jahrhundert befand sich die „Schießhittn" auf der Lend. 1963 wurde wegen des Baues der Inntalautobahn die Verlegung des Schießstandes vom „Badl" zum Weißenbach an der Milser Brücke notwendig. Um 1800 bestand eine bürgerliche „Schießstandskompagnie", Kommandant war der aus dem Jahr 1809 bekannte Kronenwirt Josef Ignaz Straub, sodaß es nach 1816 in Hall zwei Schützenkompanien gab. Die Salinenarbeiter verfügten über eine eigene „Pionierkompagnie". 1901 wurden die (heute nicht mehr bestehenden) Haller Standschützen gegründet. Sie waren im Ersten Weltkrieg hauptsächlich an der Dolomitenfront ein-

Das Haus Milserstraße Nr. 1, aufgenommen im Jahr 1973, wird „Guarinonihaus" genannt, weil es dem berühmten Stiftsarzt für Dienstzwecke zur Verfügung gestellt worden war. Guarinoni, der im Jahre 1654 starb, wohnte im Haus Eugenstraße Nr. 7. Das Mosaikbild am Haus wurde anno 1903 enthüllt.

gesetzt. Die „Speckbacher-Schützenkompagnie" wurde 1924, die Speckbachermusikkapelle 1920 neu gegründet. 1976 fand die Fahnenweihe der Speckbacher-Jungschützen statt. 1974 formierte sich eine zweite Schützenvereinigung, die „Stadtschützenkompagnie Major Ignaz Straub", die den Namen des berühmten Kronenwirts trägt. Sie pflegt die alte Tradition und wirkt gemeinnützig, besonders im sozialen Bereich.

Wer über Kraft und Geschicklichkeit verfügt, kann sich in der Burg Hasegg als sein eigener Finanzminister betätigen und seine eigene „Münze" schlagen. In der historischen Münzprägestätte der Burg ist nämlich ein kleines Münzmuseum eingerichtet, wo dem Besucher die Möglichkeit geboten ist, eigenhändig mit Hammerschlag oder Spindelpresse Erinnerungsmünzen zu prägen. Die Alte Münze stellt Prägestempel und Medaillen für verschiedene Anlässe her. Die Hammerprägevorrichtung ist transportabel. Sie ist – inklusive „Münzmeister" in historischer Tracht – bei Weltausstellungen, kulturellen Ereignissen im In- und Ausland und bei diversen Festlichkeiten im Einsatz.

In kürzester Zeit kann man vom pulsierenden Oberen Stadtplatz in die „Tiefen des Salzberges" tauchen. Das im Keller des ehemaligen Fürstenhauses etablierte Bergbaumuseum ist die naturgetreue verkleinerte Darstellung eines alpinen Salzbergbaues mit Solegewinnung, Steigschacht und Knappenrutsche. Die Anlage vermittelt ein treffendes Bild des stillgelegten Salzbergbaues im Halltal und verschafft dem eiligen Besucher einen schnellen Eindruck davon, was Hall zu Namen und Ansehen verholfen hat.

Galerien in der Altstadt und in der Burg Hasegg sowie Ausstellungen in der städtischen Bücherei und in den Bankinstituten geben den Hallern immer wieder Gelegenheit zur Auseinandersetzung mit verschiedenen, auch aktuellen Kunstrichtungen und Künstlern.

Jüngstes Vorhaben von Stadt und Land Tirol ist der Aufbau eines „Hauses der modernen Kunst" im ehemaligen Salzmagazin der Saline. Ein hochrangig besetztes Bildhauersymposion und „Klang- und Lichtinstallationen" international bekannter Künstler bildeten 1994 den Auftakt zu diesem kulturellen Großprojekt.

Die „Haller Dixielanders" tragen den musikalischen Ruf der Stadt ebenso in die Ferne wie die „Brassband Hall", die „Stadtpfeifer" und die drei heimischen Blasmusikkapellen („Speckbacher", „Salinenmusik" und Jungschützenkapelle). Mehrere Gesangsvereine, der Orchesterverein, die erstklassige Musikschule, der Kirchenchor, ein Harmonikaorchester sorgen für den guten Ton bei allen Gelegenheiten und prägen das musikalische Leben der Stadt.

Die „Galerie St. Barbara" präsentiert seit 1970 internationale Musiktrends und Meister der alten wie der zeitgenössischen Musikszene. Die „Haller Sommerkonzerte" sind seither fester Bestandteil der Tiroler Musikkultur. Weltliches und Geistliches auf originalen Instrumenten, lautet ihre Philosophie. Die renovierte Jesuitenkirche, von der Pfarre als Sakralraum nicht sehr beansprucht, drang erst durch die Musik wieder ins Bewußtsein der Haller. Die Namen berühmter Musiker, die in diesem akustisch besten Kirchenraum Tirols auftreten, sind Legion. Manches Debüt in Hall war der Start in eine internationale Karriere. Zahlreiche heimische Musiker erlebten in der Jesuitenkirche Erst- und Uraufführungen ihrer Werke. Die Konzerte der Galerie St. Barbara knüpfen an Vergangenes an und setzen die Musik in Spannung zur Gegenwart. Europäische und außereuropäische Kulturen zueinander in Begegnung zu bringen, der geistigen Einheit Europas nachzuspüren, sie intensiv erlebbar zu machen – nach dieser Idee erleben die „Sommerkonzerte" einen musikalischen Sommer um den anderen. Dabei kommen auch „Randerscheinungen" wie „minimal music", meditative Musik und „stille Musik" von Chören nicht zu kurz. Impulse für das Tiroler Kulturleben. Die „Haller Sommerkonzerte" garantieren stets aufs neue ein „Festival für Ohren".

Die Verbindung der Salzstadt zur Musik reicht weit zurück, nimmt ihren Anfang mit der Stiftung der Stadttürmer durch Herzog Rudolf V. anno 1365. Turmwächter und „Turner" wohnten in der oberen Stube des Pfarrturms. Die Wächter hielten Ausschau nach Gästen, Reitern und Kriegern, nach Gefahr und Wetter, die „Turner" (Spielleute) begrüßten oder verabschiedeten hohe Gäste vom Stadtturm aus mit Posaunen und Trompeten, spielten bei Festlichkeiten (wie dem Bürgertanz) auf und wirkten bei Prozessionen mit. Auf dem Stadtturm befand sich auch das „Heerhorn", ein orgelartiges Signalinstrument.

Besonders sorgfältige Pflege erfuhr die Kirchenmusik im königlichen Damenstift. Das Stiftsorchester war neben der Innsbrucker Hofmusik der bedeutendste Klangkörper und von allen Tiroler Stiften die einzige dauernd gehaltene Musikkapelle. Aus den Erträgen einer Singknabenstiftung Erzherzogin Magdalenas anno 1589 wurden junge Sänger für den Chor der Stiftskirche ausgebildet.

Schon 1816 rückten die Knappen und Pfannhauser zur Kaiserhuldigung mit einer eigenen Musikkapelle aus, die seit 1821 als Salinenmusik aufspielt. Fünf Jahre später formierte sich die „Bürgermusik", die „Speckbacher" genannt, die längst zu den besten des Landes zählt.

An Hall als Musikstadt kam auch einer der berühmtesten Europäer nicht vorbei. Wolfgang Amadeus Mozart schlug 1772 auf seiner dritten Italienreise als 16jähriger Künstler in der Haller Stiftskirche die Orgel (sie befindet sich heute in Fügen im Zillertal, wohin sie nach Aufhebung des Damenstiftes 1783 versteigert worden ist). Vater Mozart schreibt darüber nach Salzburg: „Den Montag blieben wir in Ynnsprugg und wir fuhren nach Hall nachmittag spazieren, um das königliche Damenstift zu sehen, wo uns das Fräulein Schwester der Oberhofmeisterin, Gräfin Lodron, überall herumführte. Der Wolfgang spielte an der Kirchenorgel."

Die 1532 in Innsbruck geborene und 1590 in Hall verstorbene Erzherzogin Magdalena, Gründerin des Damenstiftes.

Die Haller und ihre Plätze

„Die Haller", heißt es respektvoll, „die Hallerkübel" liebevoll. Im leichten Spott schwingt Anerkennung mit. Die Haller sind anders, unverwechselbar anders als die Innsbrucker, anders als die Schwazer. Bedächtiger. Alles braucht seine Zeit. Übereilt wird nichts. Manches Projekt, wie Kurwesen und Fremdenverkehr, ist an einer gewissen Zaghaftigkeit schon gescheitert. Andere Vorhaben sind dadurch aber erst möglich. Das Wohlüberlegen bewahrt Hall vor manchen Sünden, die andere Städte in der ersten Begeisterung mitmachen. Wie die Neubauwut nach den Kriegsjahren, die Modernisierung um jeden Preis, die „Hochhauswelle". Hall wartete ab, sich seiner treu, und als die Zeit reif war, zog es die Altstadtsanierung durch. Ein Musterbeispiel für eine revitalisierte Innenstadt.

Hall. Das bedeutet für viele „Oberer Stadtplatz" als Inbegriff für die ganze Stadt. Der Kern, der Mittelpunkt des städtischen Lebens, der mittelalterlichen Architektur, der Überraschung. Rund um die Pfarrkirche und rund um den gotischen Oberen Stadtplatz ruhen Häuser auf gotischen Fundamenten. Auch wenn darauf heute Häuser verschiedener Stilrichtungen stehen, strahlt jedes Bauwerk, Rathaus wie Stubenhaus, Rosenhaus wie Apothekerhaus, ein individuelles Gehabe aus. In die Gotik der Fundamente und Gewölbe mischen sich barocke Formen; alte Kapellen und Treppen, steile Gassen, Ecken und Nebenplätze verschmelzen rund um den Oberen Stadtplatz zu einer Harmonie. Der Weg zum Oberen Stadtplatz führt nur von Osten her mehr oder weniger eben hin und geradeaus. Von Süden steigt der Lange Graben steil vom Unteren Stadtplatz bergan und weitet sich plötzlich zum Oval des Platzes. Von Westen bezwingt die Ritter-Waldauf-Straße, vorbei am originellen Bau der Nagglburg, nicht minder steil den Pfaffenbühel, im Angesicht die Westfassade der Stadtpfarrkirche. Der hl. Nikolaus grüßt von höchster Zinne herab. Vorbei an der Kirche, meist windumtost, öffnen sich erst allmählich dem Beschauer Weite und Winkeligkeit des Oberen Stadtplatzes. Von Norden her führt der Weg durch die schmale Wallpachgasse wie durch einen Trichter zum alles beherrschenden Platz, im Blick voraus gefangen vom fernen Münzerturm und vom Langen Graben als Fluchtlinie. Der unebene, nach Süden leicht abfallende Obere Stadtplatz besteht eigentlich aus einer Vielfalt, einer zufälligen Anordnung von mehreren kleineren Plätzen, die ineinander übergehen. Er ist eingerahmt von gotischer Bausubstanz, von Fassaden mit Erkerfenstern und steilen Giebeldächern, die ein beeindruckendes Gesamtbild mittelalterlicher Architektur ergeben, überragt von der dominanten Stadtpfarrkirche mit der ihr vorgelagerten barocken Josefskapelle, abgeschlossen im Westen vom massiven Rathaus, das den Platz beherrscht. Das hochgetürmte kurzfirstige Zeltdach verleiht dem prachtvollen Gemäuer einen imposanten Akzent. Nur das Rathaustor öffnet sich optisch als Ausgang des Stadtplatzes nach Westen. Erst beim Näherkommen verrät sich seitwärts eine Mündung in den kleinen Platz vor der Pfarrkirche. Seine Fortsetzung findet das Rathaus, in nobel zurückhaltender Fassadengliederung, im Stadtarchiv, um anschließend im „Rosenhaus" schwungvoll die strahlende Seite der Stadt hervorzukehren.

Das blockhafte Haus der Stadtapotheke bildet den wuchtigen Gegenspieler zum Rathaus. Ein mächtiger Eckpfeiler, der den Stadtplatz in zwei kleinere Plätzchen teilt, das eine östlich zum ehemaligen Gasthof „Stach", das andere gegen Süden zum Fürstenhaus und zum schmal vorstehenden „Stubenhaus" hin, das den Abgang in die untere Stadt markiert.

Der Obere Stadtplatz hat eigentlich keine Mitte, und doch beherrscht der Brunnen den Platz. Die Säulenfigur des Brunnens ist eine gekrönte Madonna. Von ihr steigt der Blick über die Zwiebeltürme des Kapellenturms hinauf zur mächtigen Zwiebel des Kirchturms von St. Nikolaus.

Die österreichische Schriftstellerin Gertrud Fussenegger schwärmt vom Oberen Stadtplatz als „einem Wunder gewachsener städtebaulicher Architektur". Was macht ihn denn so herrlich? „Er lebt, er atmet, er dehnt sich, er verengt sich, er schickt seine Grenze vor und zieht sie zurück. Er ist elastisch, aber stabil, eine gelungene Mischung aus Funktionalität und Repräsentanz. Genau besehen ist dieser Platz aber nicht einer, er besteht vielmehr aus einer Folge ineinandergeschobener, viereckiger, kleinerer Plätze, an sie schließt sich westwärts ein elliptisch geschwungener Teil an, der den Komplex der Kirche umgreift. Und alle architektonischen Elemente werden durch die Pfarrkirche St. Nikolaus dominiert." So sehen Poeten den Stadtplatz von Hall.

Auf ihm spielt sich urbanes Leben ab. Der Bauernmarkt zieht die Menschen aus der Stadt und ihrer Umgebung an. Prozessionen nehmen hier ihren Anfang, ihren Weg und krönenden Abschluß. Demonstrationen suchen hier ihre Bürger. Der Weg zum Standesamt im Rathaus führt seit Jahrzehnten junge Paare über den Stadtplatz. Der Passant kreuzt den Platz auf dem Weg zum Einkauf, zum Café, zur Bank, zum Tratsch. Die Musikkapellen konzertieren hier, weil sie von möglichst vielen gehört werden wollen. Der Stadtplatz ist zugleich Wartezimmer, Ort des Flanierens, des Sehens und des Gesehenwerdens. Eine Bühne, auf der sich die Haller selbst darstellen, aber auch Bühne für „open air" musikalischer und szenischer Natur. Und über die gotischen Dächer hinweg schweift der Blick zur mächtigen Kalkgestalt des Bettelwurfs im Norden und des viele Monate weiß glänzenden Glungezers im Süden.

Der Stiftsplatz, kühle Alternative. Rein in Renaissance gehalten, den Beginn der Neuzeit dokumentierend. Die Baukörper strecken sich weniger gotisch in die Höhe, mehr diesseitsbetont in die Länge. Beispiele galanter Architektur, deutlich gemacht am Damenstift, an der Schule, am Gerichtsgebäude. Hier haben Jesuiten und Damenstift Geschichte geschrieben, das Leben bestimmt, die Architektur beeinflußt, die Architektur für Kirchen – die Jesuitenkirche und die Stiftskirche –, die Architektur für Ordenshäuser – das Jesuitenkolleg und das Damenstift –, die Architektur für Schulen – das alte Gymnasium. Ein stiller, ein vornehmer Platz der Repräsentation, heute noch daran erkennbar, daß nur wenige kleine Geschäfte auf Kundschaft warten, auch wenn in den Nachkriegsjahren der vierteljährliche Haller Markt hier für geschäftiges Treiben sorgte.

Der Stiftsplatz im Jahre 1953.

Der Stiftsplatz mit der Jesuitenkirche heute, einer der vornehmsten Plätze der alten Stadt am Inn.

Der „Untere Stadtplatz" – ein Platz sozusagen als Umfahrung der Altstadt. Früher der Platz für die Haller Märkte, lange Zeit „Bahnhofsplatz", denn hier endete die Straßenbahnverbindung der Linie „4", der „Haller Trampl", nach Innsbruck (ab 1829 Stellwagenverkehr, 1891 Dampftramway, 1909 elektrische Straßenbahn, 1974 eingestellt). Der Untere Stadtplatz, besser gesagt, die hier durchführende Bundesstraße, trennt die Altstadt vom Salinenbereich, von der Burg Hasegg und vom Münzerturm. Lang und schmal ist dieser Platz, mit einer kleinen Seitenbucht, von der aus die Altstadt nordwärts steil ansteigt. In langer, fast geschlossener Doppelreihe präsentieren sich die Hausfassaden der Altstadt, übereinander, versetzt, geben dem Betrachter ein Panoramabild mittelalterlicher Stadtbaukunst. Man ahnt die Stadtmauer, die die Altstadt ringartig umschloß, man sieht noch Zinnen und wehrhafte Türmchen.

Nur zwei Wege sind es, die ins obere Stadtzentrum führen. Der eine, die Schwaighoferstiege neben der ehemaligen Eselmühle, gewinnt zwischen schmaler Häuserflucht, durch die hohe, schma-

Der Untere Stadtplatz – geschäftiges Zentrum in der unteren Stadt.

le Öffnung in der mittelalterlichen Stadtmauer, durch ein Altstadthaus endlich, die Höhe der Erzherzog-Eugen-Straße. Der andere Weg nach „oben", der Lange und der Kurze Graben, nicht minder steil, Beispiele für den Charme der alten Welt, den man in Hall noch findet. Langer und Kurzer Graben sind steile, schmale Gassen, der Lange Graben mit Geschäften, beidseits der Gasse integriert in gotische Haussubstanz, pulsierende Einkaufszone nach Norden. Wer dem Trubel entgehen will, wählt die Magdalenastiege, vorbei an der Magdalenakapelle zum Pfarrplatz, der stillen Bucht südöstlich der Pfarrkirche, um über eine weitere Stiege wieder den Anschluß an das belebte Zentrum zu finden.

Rund um die Stadt drängt sich das Grün von Park- und Gartenanlagen bis dicht an die Stadtmauer heran. Die Gärten des Franziskanerklosters und des Annaheims, das parkähnliche private Winklergut, die großen Obstanger beim Landesnervenkrankenhaus, das Blütenmeer des Klosters Thurnfeld. Riesige unverbaute Grundreserven. Im Osten, jenseits des tiefen Stadtgrabens, der schöne Faistenbergergarten mit dem Schönsten, was die Renaissancebaukunst in ganz Tirol zu bieten weiß, Anklänge an die Toskana. Dann die weiten Anlagen des Stiftsgartens mit dem neuzeitlichen, beispielhaften Seniorenwohnheim, einst der Park für die Damen des königlichen Stifts, die hier in „anständiger Lustbarkeit" zwischen Gebet und Stickerei den Tag zubrachten. Integriert ein Brunnenhaus, ein Gartenhäuschen, ein zweites und drittes, Kapellen, Volieren und eine Erinnerung an die Orangerie, alles von einzigartigem Reiz und Vorzugszeugnis vergangener Schönheit.

Der Kurpark führt zurück in die Zeit, da sich die Stadt „Kurort" nannte. Seit 1864 wälzte man Pläne für ein großes Solbad. Aber erst 1930 eröffnete die Stadt ein modernes Kurmittelhaus (in dem Bäder

Der Untere Stadtplatz im Jahr 1928 – „Port Arthur" mit Dachcafé in der Bildmitte. Häuserreihe am Unteren Stadtplatz im Jahr 1910.

Die Schwaighoferstiege im Jahr 1932. Der schmale, leicht abzusperrende Durchgang von der oberen in die untere Stadt war ursprünglich für Verteidigungszwecke angelegt worden, heute dient er als kürzeste Verbindung vom Unteren Stadtplatz zur Eugenstraße. Der Durchgang hat seinen Namen vom Elektrizitätswerk- und Mühlenbesitzer Schwaighofer, dem das Haus links der Stiege und der Grund des Durchganges gehörten.

Die „Haller Trampl" im Jahr 1893 (oben) und 1974 (unten).

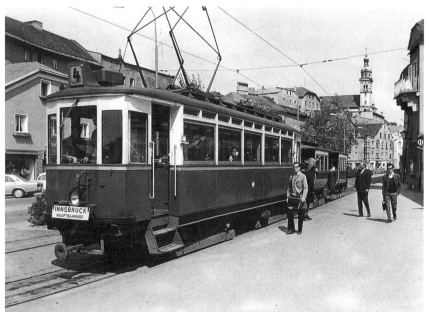

mit heilkräftiger Salzsole verabreicht wurden) und änderte ihren Namen in „Solbad Hall". Damals meinten die Stadtväter und Tourismusfachleute, Hall werde dank seiner Sole und seiner unvergleichlichen Alpenlandschaft ein weltberühmtes Bad – wie Reichenhall oder Ischl. Daraus allerdings wurde

Im „neuen" Kurpark mit Blick auf Parkhotel und Pfarrkirche.

nichts. Hall hatte stets damit zu kämpfen, mit „Bad Hall" in Oberösterreich verwechselt zu werden. Dann, 1967, schloß die Saline ihren Betrieb, Hall nahm wieder den alten Namen an, „Hall in Tirol", besann sich seiner Geschichte und mittelalterlichen Substanz. Die Restaurierung der Altstadt wurde eingeleitet, Kultur als programmatischer Schwerpunkt wieder gepflegt. Die Ära des alten Kurparks ging zu Ende, das Kurmittelhaus wurde zum Veranstaltungszentrum erster Qualität, unter dem Kurpark eine große Tiefgarage, im Norden ein modernes Feuerwehrhaus. Den neuen Kurpark macht sich die Jugend als Campus zunutze.

Halls Plätze und Parks sind Orte der Begegnung, Orte der Besinnung, Orte der Geschäftigkeit. Sie strahlen Ruhe aus, sind Fixpunkte im urbanen Leben und gleich wichtig wie die Kunstdenkmäler. Sie ergänzen sich mit diesen zu kulturellen Zentren des städtischen Lebens.

Was dominiert mehr, ein Platz oder das darauf befindliche Denkmal? Fast ein Streit um des Kaisers Bart. Der Obere Stadtplatz gilt als Inbegriff für einen Stadtplatz, und doch krönt ihn erst der Marien- oder Stadtbrunnen. Der Brunnen ist damals wie heute Sammelpunkt, auch wenn er nicht das geometrische Zentrum des regelmäßigen, längsgedehnten Platzes ist. Früher schleppten die Frauen sein Wasser, wuschen Wäsche in ihm, tauschten Neuigkeiten aus. Rund um den Brunnen wurden und werden Waren feilgeboten. Der Brunnen war und ist Mittelpunkt städtischen Lebens. Der Platz um ihn drängt sich auf für Treffs, privat oder dienstlich, für Versammlungen, Auf-

Blick vom Pfarrplatz über die „Lange Stiege" zum Langen Graben (im Jahr 1925 und heute).

märsche und Prozessionen. Ob Palmsonntag, Fronleichnam, zum Nikolauseinzug oder einfach am Vormittag. Der Stadtbrunnen, vom Bildhauer Hans Frosch aus Mittenwalder Sandstein gehauen, 1522 aufgestellt, ist Symbol der Stadt, des einstigen Marktgerichtes, früher mit einer Rolandfigur in vollem Harnisch geziert. Der Roland übersiedelte später an die Hausfront des Rathauses. Der Innsbrucker Bronzegießer Stefan Godl, der auch die Figuren des Grabmals Maximilians I. in der Hofkirche zu Innsbruck gegossen hat, lieferte die Pipen für den Brunnen und den Kopf des „Wilden Mannes". 1776 renovierte der Bildhauer Johann Högele den Brunnen und schmückte ihn mit einer bemantelten Marienstatue, deren geschwungene Gestalt die Züge des ausgehenden Rokokos trägt.

Der Magdalenabrunnen beherrscht unaufdringlich den stillen Stiftsplatz, erinnert an Erzherzogin Magdalena, die mit ihren zwei Schwestern das geistliche Damenstift gegründet und den geistigen Aufschwung der Stadt eingeleitet hat. Die Brunnenfigur gestaltete der Metallbildhauer Rudolf Reinhart im Jahr 1953, als die Stadt das 650-Jahr-Jubiläum der Stadterhebung feierte. Schon 1933 hatte Reinhart aus Kupferplatten jenes Standbild Sigmunds des Münzreichen gehämmert, das den Brunnen am Unteren Stadtplatz ziert.

Auf eine Stiftung geht die „Barbarasäule" zurück. Sie war Betsäule und ist in rotem Kramsacher Marmor gehalten. Betsäulen waren, vielleicht sind, Glaubenszeichen, als Erinnerungsdenkmale an Unglücke, als Sühnemale gedacht. Die Säule am Eingang zum Salinenpark, der Patronin der Bergleute gewidmet, mißt mit ihrem dreistufigen Sockel über sechs Meter. Auf achteckiger Basis steht, wiederum achteckig, die Säule. 1486 lautet die Jahreszahl an der Säule, dazu die Stifter: Sankt-Barbara-Bruderschaft der Erzknappen und die Bergherren der Blei- und Silbergruben vom „Silbernen Hansl" hinter dem Lafatscher Joch. Aufgestellt wurde die Betsäule zunächst beim Absamer Tor, nördlich des Stadtgrabens, wo sich die Knappen vor ihrem Weg zum Bergwerk versammelten. 1840 übersiedelte die Barbarasäule zum Unteren Stadtplatz in den Salinenpark. Später steht sie Patin für die „Galerie St. Barbara". In der Nähe das Zwei-Kaiser-Denkmal. Am 11. Oktober 1822 trafen in Hall Kaiser Franz I. von Österreich und Zar Alexander I. von Rußland zusammen, „um über das Wohl der Völker Europas zu beraten". Das Erinnerungsdenkmal im Salinenpark wurde in Jenbach gegossen.

Die Haller und ihre Häuser

Häuser erzählen vom Leben ihrer Bewohner, von Kultur, von Kriegen und Gelagen. Die namenlosen genauso wie die berühmten und jene, die mit einem Prädikat versehen sind, wie „Rosenhaus", „Nagglburg" oder „Kronenwirt".

„Die lustige, wohlerbaute und feste Stadt", wie der Chronist Franz Schweyger Hall um 1550 „benamset" hat, lebt in steingehauenen Denkmalen fort – Stubenhaus, Rathaus, Großes Fürstenhaus. Hall erweist sich stets als gastfreundliche Stätte. Mit dem 1303 verliehenen Stadtrecht verbunden war die Berechtigung, Gasthäuser zu führen. Hall lebte vom Waren- und Personentransit, vom Durchzugsverkehr von Nord nach Süd. Könige auf ihren Romreisen, Heerscharen auf ihren Kreuzzügen, Händler, Pilger, Gesandte, Ritter oder Handwerker, sie alle zogen Hall als Herberge Innsbruck vor. Ist heute die Getränkesteuer ein Gradmesser für den Fremdenverkehr, war es damals der Weinverbrauch, der nach den Aufzeichnungen eines Stadtbeamten bereits im Jahr 1470 eine merkliche Steigerung erfahren hatte. Salzberg und Salzverarbeitung, Münzstätte und Glasbläserei sorgten für wirtschaftlichen Wohlstand. In der Folge blühten auch Handwerk und Gewerbe. Händler, Kaufleute und Spielleute siedelten sich an oder verweilten für längere Zeit. Mit seinen Märkten und Messen machte sich Hall über die Landesgrenzen hinaus einen klingenden Namen als Markt- und Handelsstadt. Die Haller verstanden es, mit ihren Landesfürsten zu leben, sie gewogen zu machen. Ihnen zu Ehren gaben die Bürger Trinkfeste auf der „Stuben". Das Haus am

Die Mustergasse im Jahr 1906.

Oberen Stadtplatz, ehemals Sitz der ältesten Kulturvereinigung des Landes, der „Stubengesellschaft", war häufig Mittelpunkt rauschender Feste für Landesfürsten, Gesandte, für den Rat und vornehme Bürger der Stadt. Oder man tanzte auf der Pelzbühne im Rathaus, fand sich im Kasino zu Fasnachtsbelustigungen ein.

Keine Stadt im ganzen Land kann sich eines so stolzen Rathauses rühmen wie Hall. 1406 schenkte der Landesfürst, Leopold IV., sein „Haus mit Turm" am Oberen Stadtplatz, das auch „Königshaus" genannt wurde, seiner treuen Stadt, damit diese es als Rathaus benütze. Seine heutige Form erhielt das Bauwerk 1447 nach einem verheerenden Brand. Später kam ein östlicher Flügel dazu, dessen Steinportal die Jahreszahl 1536 trägt. Hier tagte das Stadtgericht, fand später das Stadtmuseum Unterschlupf, heute das Stadtarchiv. Als seine größten Schätze verwahrt es die noch auf venezianischem Papier geschriebenen „Raitbücher" von 1411, die Rechnungsbücher des Stadtkämmerers.

Die Fassade dieses typischen Innenstadthauses mit seiner strengen Stirnmauer trägt in einer Nische eine als „Roland" apostrophierte Steinfigur. Der „Roland" galt als Zeichen der Gerichtsbarkeit,

Wappen auf den Zinnen des Rathauses; der „Roland" und der Bindenschild an der Fassade.

54

Ob in verschwiegenen Winkeln oder belebten Straßen – städtische Wohnkultur in alten Mauern.

des Stadt- und des Marktrechtes. Daneben befinden sich zwei schön geschnittene Wappenreliefs, das österreichische Wappen mit dem Spruch „AN END" (ohne Ende). Das Königshaus-Rathaus ist ein massiver, würfelförmiger Bau mit hohem Walmdach, das den Oberen Stadtplatz gegen Westen hin beherrscht. Ein Spitzbogentor führt in den Vorhof, den eine Mauer mit Zinnen abschließt. An den Zinnen strahlen in Mosaik die Wappen der Stadt und ihrer führenden Geschlechter. Im Rathaushof beeindruckt ein Grabmal, das der berühmte Niederländer Alexander Colin, der Meister der Marmorreliefs am Grabmal Kaiser Maximilians in der Innsbrucker „Schwarzmanderkirche", 1585 entwarf. Über der Freitreppe des Rathauses prangt ein Sandsteinrelief von Kaiser Maximilian. Der „letzte Ritter", ein großer Gönner und besonderer Freund von Hall, fügte in seiner Zuneigung zur Salzstadt dem roten Stadtwappen – silberne Salzkufe auf rotem Grund – zwei goldene, gekrönte Löwen als besondere Auszeichnung hinzu. Gegen Bezahlung, versteht sich.

Ein spätgotischer Pfeiler trägt das wuchtige, erstaunlich gut erhaltene Eichengebälk von 1447 im Rathaussaal. Fast jeder Haller macht einmal im Leben Bekanntschaft mit der Ratsstube – dann, wenn er standesamtlich heiratet. Die Ratsstube ist der schönste Trauungssaal Tirols, gotisch gehalten, mit barocker Vertäfelung, einem Rokokokachelofen, schmiedeeisernem Kamingitter und Kronleuchtern aus dem 20. Jahrhundert, wundervoll dem Raum angepaßt. Die Bürgerversammlung, der Gemeinderat, tagt in der geschichtsträchtigen Stube bis heute. Neben ihr das „Heiligtum" des Rathauses, das barocke Bürgermeisterzimmer.

Zurück zu Kaiser Maximilian. Mit ihm, dem „letzten Ritter und ersten Kanonier", trat Hall in das Weltgeschehen. Mit des Kaisers Förderung und mit der Verbreitung des Humanismus gewann auch in Tirol das Gelehrtentum an Einfluß. Gelehrte, Schulmänner, Künstler und Musiker machten Hall zum geistigen Zentrum Tirols. Ritter Florian von Waldauf und Waldenstein, Maximilians Freund, Haudegen und Berater, gründete 1508 zusammen mit dem gelehrten Haller Bürgermeister Dr. Johannes Fuchsmagen die „Haller Stubengesellschaft". Drei Pokale und die Mitgliederlisten in Form gemalter Wappenbücher, alles aus dem 16. Jahrhundert, sind noch vorhanden. Das „Stubenhaus" ist ein charakteristischer Vertreter des Innenstadthauses mit zinnengekrönter Blendfassade gegen den weiten Stadtplatz hin. Schon bald befaßte sich diese kulturelle Trinkgesellschaft im „Stubenhaus" mit anderen kulturellen und geistigen Strömungen. Zu diesem Haller Europäerkreis zählten der Haller Stiftsarzt und Stadtphysikus Dr. Hippolytus Guarinoni sowie der Jesuit Andreas Brunner, der in drei Jahren eine bayrische Geschichte verfaßte, geistliche Spiele veranstaltete sowie Fasten- und Passionsspiele inszenierte, die weitum Aufsehen erregten. Guarinoni ist das barocke Universalgenie. Geboren in Trient, betätigte er sich durch viele Jahre als Arzt, Volksschriftsteller und Baumeister. Er vereinigte humanistische Art und barocken Geist. Sein Ruf als sozialer Arzt für die Haller Salinenarbeiter und für die Schwazer Gewerken drang bis Bayern, Böhmen und Sachsen. Als „Meister Pöltn" arbeitete er selbst – teils unerkannt – an seinem eigenen Kirchenbau, der Karlskirche an der Volderer Innbrücke. Für diese Kirche und andere Kapellen betätigte er sich als Architekt, Zeichner, Maler, Schreiber, Stukkatorer, Aufseher und Anwalt der Arbeiter in einer Person. Daneben fand er noch Zeit für Sport und Bergsteigen, fürs Heilkräutersammeln und Bücherschreiben.

Durch die Münzergasse gelangt man zum interessantesten Bau der Stadt, zur mittelalterlichen Stadtburg Hasegg. Ihr mächtiger Bergfried (Schloßturm), der spätgotische Münzerturm, ist das Wahrzeichen von Hall. Mit seinen Mauern, Toren, Erkern und Türmen ist Hasegg Vergangenheit und Gegenwart, Zeugnis der Geschichte und Kultur der Salzstadt, Zeugnis pulsierenden Kulturlebens auch heute. Hasegg erhielt sein heutiges Aussehen unter Erzherzog Sigmund dem Münzreichen um die Mitte des 15. Jahrhunderts; er verlegte 1477 die Münze von Meran nach Hall; in Hasegg befand sich die landesfürstliche Münzprägestätte von 1567 bis 1809. Maximilian I. ließ Hasegg zur wehrhaften Burg ausbauen. Seine berühmten Hofbaumeister Niklas und Gregor Türing erbauten im östlichen Trakt die über eine Wendeltreppe erreichbare St.-Georgs-Kapelle, ein gotisches Kleinod und gediegenes Werk, reich ausgestattet mit freskalem und plastischem Schmuck. Die wappenhaltenden Engel schließen sich würdig an die Plastiken des Goldenen Dachls, Türings Hauptwerk, an. Einige Schritte weiter durch den Torbogen steht man vor dem einzigen erhaltenen Haller Stadttor, dem Münzertor. Ein wuchtiger Turmbau, der über dem Torbogen ein feinziseliertes Relief von Nikolaus Türing mit dem „österreichischen Bindenschild", den Wappen Österreichs und Tirols, trägt (1480). Davor zieht der alte Stadtgraben wie vor 500 Jahren dahin, und die alte Häuserfront zeigt den Verlauf der Stadtmauer.

Über den steilen Doppelgraben, den „Langen" und den „Kurzen Graben" führt der Weg von der Unterstadt 20 Höhenmeter auf den Rand des großen Halltaler Schuttkegels hinauf, zum Oberen Stadtplatz. Der Untere Stadtplatz hat einen hübschen Vorhof, in den mehrere enge Gassen, Salvatorgasse, Schmiedgasse, Schergentorgasse, einmünden. Auf grauer Mauer stechen kupferne Straßenschilder heraus, auf denen Bildhauer Rudolf Reinhart wie in einer Kurzlegende die Geschichte der jeweiligen Gasse oder des Platzes erzählt. Der „Lange Graben" mit seinen wuchtigen Geschäftshäusern läßt erkennen, daß die Oberstadt einer älteren Bauperiode angehört, der Spätgotik. Hier dominiert das bürgerliche Inn-Salzach-Haus: hoch, schmal, mit niederem, gotischem Giebel oder mit einer Scheinfassade, hinter der sich ein oder mehrere Dachsättel verbergen. Diese Stirnmauern entstanden in Anlehnung an die stolzen Renaissancefronten des Südens. Sie erwecken einen stattlichen Eindruck und bieten daneben einen gewissen Feuerschutz – besonders wichtig in einer Stadt, in der die Häuser so eng zusammengebaut sind. Einige Haustore gehen noch auf gotische Zeit zurück. Am auffallendsten sind jedoch die zahlreichen Erker an den Häusern, oft in Gruppen angelegt, sie zieren über zwei oder drei Stockwerke turmartig die einzelnen Häuserfronten. Von den Baumeistern in Doppelfunktion errichtet: zur besseren Durchflutung des Hausinneren mit Licht und als vorgelagerte Aussichtskanzel. Die in einer alten Handelsstadt häufig anzutreffenden Wirtshäuser geben sich durch prächtige Schilder zu erkennen.

Am Stadtgraben konkurriert die alte Stadtmauer mit dem gegenüberliegenden modernen Kurhaus und Parkhotel. Schon 1335 erwähnt die Haller Historie ein zur Saline gehöriges Solbad und preist den Wert

Die Salvatorgasse um die Jahrhundertwende.

der Sole als Heilmittel, aber erst 1930 öffnete ein modernes Kurmittelhaus seine Pforten; die Stadt setzte touristisch auf Kurgäste und gab sich den Namen „Solbad Hall". Im Kurmittelhaus wurden die natürlichen Heilfaktoren, die Stadt und Umgebung in Klima und Sole boten, genützt und zeitgemäß durch physikalische Therapien ergänzt. Der Kurbetrieb endete jäh mit Stillegung des Salzbergwerkes. Aus dem „Kurmittelhaus" wurde – nach den Plänen von Architekt Hans Loch – das städtische Veranstaltungszentrum „Kurhaus". Für Freunde moderner Sachlichkeit ist das Kurhaus wegen seiner Klarheit und Schlichtheit eine Besichtigung wert.

Das erste Hochhaus Halls plante 1930 der berühmte Architekt Lois Welzenbacher mit dem Parkhotel. Ihm gelang eine spezifisch alpenländische Interpretation der neuen Wiener Architektur. Weitere Zeugnisse heimischer Architekten sind das Postgebäude von Prof. Theodor Fischer (1912), der frei historisierenden Baukunst der Münchner Schule zugetan. Vom Haller Stadtbaumeister Hans Illmer stammen das Bezirkskrankenhaus, das Kurmittelhaus, der neue Friedhof und das Elektrizitätswerk im Halltal. Ursprünglich war der Friedhof rings um die Pfarrkirche angelegt, 1495 übersiedelte der Gottesacker in den heutigen Park beim Pfarrheim (Bachlechnerstraße), wo die kleine St.-Veits-Kirche stand. Der neue, 1945 erweiterte Friedhof entstand 1896 zum Teil auf Absamer Boden.

Zu dem am Ausgang des Halltales im Jahr 1913 errichteten Elektrizitätswerk kauften die Stadtwerke 1919 das Voldertalkraftwerk, das 1965 durch

Die Schmiedgasse.

ein neues Werk ersetzt wurde. Schon ein Jahrzehnt vorher hatte Hall als eine der ersten Gemeinden Österreichs die Altstadt durch eine Kanalisierung saniert und eine Kläranlage errichtet. Stadtarchitekt Arnold Amonn steuerte die Knabenhauptschule und das neue Sudhaus bei. Mit dem Lambichler Jugendhort (1966) lieferte Architekt Josef Lackner einen baukünstlerisch zeitgemäßen Zweckbau. Mit dem Lambichler Jugendhaus setzen Stadt und Pfarre die Bemühungen des Haller Kooperators Josef Lambichler um die Betreuung der städtischen Jugend fort. Der Geistliche hatte nach dem Ersten Weltkrieg in einer alten Holzhütte auf der Pletzerwiese, im „Fürstentum Kugelanger", wie der Haller Kabarettist Otto Grünmandl diesen Teil der Stadt nennt, das Zentrum eines Hilfswerkes für die männliche

Moderne Wohnkultur in alten Mauern, dank der geglückten Revitalisierung der mittelalterlichen Bausubstanz.

Haller Jugend eingerichtet und auf dem Tulferberg ein Ferienheim aufgebaut. Preisgekrönt das neue Seniorenwohnheim „Haus im Stiftsgarten" von Hanno Schlögl. Um die Revitalisierung der Burg Hasegg und vieler Altstadthäuser hat sich der Haller Architekt Richard Gratl verdient gemacht.

Die Agramsgasse im Jahr 1930. Das Bemühen der Haller um ein freundliches Erscheinungsbild ihrer Stadt zeigt sich auch im Detail, in den Straßenschildern wie dem der Wallpachgasse, oder in den Betriebsschildern, wie die Beispiele auf der gegenüberliegenden Seite beweisen.

Impressionen aus der Altstadt: die Wallpachgasse (rechts), ein Firmenschild aus der Schlossergasse und ein Wirtshausschild aus der Milserstraße.

Hall und seine Umgebung

Schaut man vom Zunderkopf oder vom Glungezer ins Inntal, schmiegen sich rund um die Salz- und Münzstadt Hall mehrere Dörfer an die Berglehne: Heiligkreuz (seit 1938 Ortsteil der Stadt Hall), ein wenig westlich abgerückt Thaur, Absam und, durch den Weißenbach getrennt, Gnadenwald und darunter Mils – ein alter Siedlungsraum auf dem Schuttkegel, den der Weißenbach aus dem Halltal herausgeschwemmt hat. Der Salzberg begünstigte das Aufblühen dieses gemeinsamen Wirtschaftsraums und prägte die Geschichte von Hall mit seinen umliegenden selbständigen Dörfern bis heute. Von 1938 bis 1947 waren die Dorfgemeinde Absam und das kleine Dorf Gampas oder Heiligkreuz mit der Stadtgemeinde Hall gegen den Willen der Bevölkerung zu einer politischen Einheit zwangsvereinigt. Nach einer Volksbefragung trennte sich Absam 1947 wieder von Hall, Heiligkreuz ist geblieben. Die räumliche Trennung ist durch die dichte Verbauung heute nicht mehr erkennbar, die Zwangseingemeindung liegt aber immer noch als geschichtliche Belastung über beiden Orten. Die Absamer sind stolz auf ihre Selbständigkeit, die Haller merken's.

Der Inn

„Im Allgemeinen ist die Flußschiffahrt für den Reisenden sehr unbequem. Auf dem Inn gehen wöchentlich Warenschiffe, die sogenannten 'Ordinari' stromabwärts, auf welchen Reisende mitgenommen werden, die aber auf diesen Schiffen durchaus nicht mehr finden als Raum zum Stehen oder Sit-

Der Inn, dem Hall nicht nur den Aufstieg zur Wirtschaftsmetropole Tirols verdankte, sondern auch manche Überschwemmung, der die Haller mit unzulänglichen Mitteln beizukommen suchten. Das Bild, aufgenommen im Jahr 1924, zeigt – so weiß es die Chronik – den mißlungenen Versuch, den Fluß mit Holzzäunen zu regulieren.

Die Lend: Das Foto aus dem Jahr 1904 zeigt deutlich den ehemaligen Schiffanlegeplatz am Inn.

zen auf den Fässern und Ballen." So der lakonische Bericht eines unzufriedenen Reisenden über die Qualität einer Schiffsreise auf dem Inn. Vom 13. bis ins 19. Jahrhundert bildete Hall für die Innschiffahrt die Kopfstation, an der in erster Linie Waren aus Italien für den Transport innabwärts vom Fuhrwerk auf das Schiff und Getreide für den Transport in den Süden vom Schiff auf Fuhrwerke umgeladen wurden. Innaufwärts war der Inn ab Hall nicht schiffbar, denn schon im frühen 13. Jahrhundert war bei der Haller Lend ein Holzrechen quer über den Inn errichtet worden, um das aus dem Oberinntal angeschwemmte, für die Saline bestimmte Holz aufzufangen. Er wurde erst 1857 abgetragen.

Die auf dem Inn verkehrenden Schiffe gehörten den Schiffleuten, die sich schon im 14. Jahrhundert zu einer eigenen Zunft zusammenschlossen. Der Großteil der Innschiffe wurde im Unterinntal, in Angath, gebaut. Aber auch Hall hatte eine eigene Werft, in der Schiffe gebaut oder repariert wurden.

Ab 1700 verlor die Innschiffahrt zunehmend an Bedeutung. Der Bau der Semmeringstraße und der Ausbau des Hafens von Triest lenkten viele Transporte auf neue Routen, Hall lag mehr und mehr abseits der wichtigen Handelslinien. Bis zum Bau der Eisenbahn durch Tirol blieb Halls wirtschaftliche Bedeutung jedoch größer als jene von Innsbruck. Die Eisenbahn durch das Unterinntal – sie nahm 1858 den Betrieb auf – versetzte der Innschiffahrt den Todesstoß. 1892 verließ die letzte „Haller Plätte", wie die Flöße hießen, die Haller Lend.

Zu Beginn des 14. Jahrhunderts wurden bei Hall und Volders die Brücken über den Inn geschlagen, wodurch die „Ellbögner Straße" – unter Umgehung von Innsbruck – zu einem wichtigen Handelsweg von Hall nach Matrei und über den Brenner in den Süden wurde. Sie verlor ihre Bedeutung mit der Inbetriebnahme der neuen Brennerstraße über den Schönberg.

Die Au

Wo heute Eisenbahn, Autobahn und Bundesstraße das Inntal durchpflügen, dehnten sich vor hundert Jahren weite Auwälder aus. Dichter Auwald mit Erlenbeständen und wildem Buschwerk bedeckte die linke Talsohle zwischen Innsbruck-Mühlau und Hall. Sumpfige Weideflecken und zahllose Wasseradern durchzogen vom Inn her die Ebene. Aus diesem schmalen Streifen Land, sechs Kilometer lang und einen Kilometer breit, der heute noch Haller Au bzw. Thaurer Au heißt, bezogen die Bauern von Hall, Mühlau, Arzl, Rum, Thaur und Heiligkreuz das Holz oder weideten dort ihr Vieh. Im 16. Jahrhundert gingen die Bauern aus Rum und Thaur daran, nicht nur Vieh in die Au zu treiben, sondern die Auflächen intensiver zu nutzen, Auland urbar zu machen, Äcker und Wiesen anzulegen. 1588 berichten sie dem Landesfürsten, daß sie an „Salzberger [Salzbergarbeiter], Pfannhäuser [Salinenarbeiter], Erzknappen, Witwen und hausarme Leute Land aufgeteilt haben, sodaß wir uns ein Korn können ziegeln und daß wir unseren Leib und Kinder desto leichter ernähren können". In Rum und Thaur gebe es nämlich „kein anderes Einkommen als [außer] im Salzberg und im Pfannhaus Jochknappen, etliche Bauleute [Bauern]".

Die Bauern investierten viel Arbeit und Mühe, um den sumpfigen Auboden in fruchtbares Land zu verwandeln. Wasserschutzbauten halfen, den Inn zu bändigen, Überschwemmungen des Neulandes zu vermeiden und die Aufelder trockenzulegen. Vor hundert Jahren reichten die Felder, durchbrochen nur von niederen Buschreihen, einigen Bodensenkungen und einzelnen Wassergräben, bereits bis zum Inn. Damit waren die Voraussetzungen für die intensive landwirtschaftliche Nutzung gegeben, in deren Folge die Aufelder zum „Gemüsegarten" Tirols wurden. Heute trennt nur mehr ein schmaler Grünstreifen Rum von Thaur bzw. Hall und Heiligkreuz, denn in den letzten Jahrzehnten gingen weite landwirtschaftliche Flächen wieder verloren – durch Besiedelung von Westen her, durch Infrastrukturbauten wie Bahn und Straße, durch Tirols größten Verschiebebahnhof und durch die neuen Industriegelände in Neu-Rum, Thaur und Hall-West mit den Tiroler Röhren- und Metallwerken AG, Zollfreizone, Paketumleitepostamt, Autoverschrottungsanlage und zentralen Auslieferungslagern. Ein Futtermittel-Großsilo faßt die Fracht von 500 Eisenbahnwaggons; Tirols Bevölkerung könnte mit den hier gelagerten Mengen sieben Monate mit Mehl und Brotgetreide versorgt werden.

Heiligkreuz

Gampas, im 12. Jahrhundert erstmals erwähnt, ist dem Namen nach illyrisch. Es liegt an der westlichen Verflachung des Weißenbachschuttkegels an jener Stelle, an der einst der Inn ein Kruzifix herangetrieben habe. Die Gampasser fischten es heraus, übertrugen es in ihre Kirche, wo es allgemeine Verehrung fand. Gampas entwickelte sich zum Gnaden- und Wallfahrtsort und nannte sich fortan „Heiligkreuz".

Die Seelsorgestelle Gampas wurde von der Urpfarre Thaur aus gegründet, deren Pfarrer gemäß einer Stiftung vom Jahr 1335 jeden Freitag „ad sanctam crucem in Gamps" eine Messe zu lesen hatte. Seit 1938 gehört Heiligkreuz, das bei der im Jahr 1934 durchgeführten Volkszählung 234 Einwohner zählte (Hall 8.378, Absam 2.729), als Ortsteil zu Hall.

Ein Meister Hans von Taur errichtete vor 1420 die Dorfkirche, ein Beispiel der Inntaler Spätgotik. In der Kirche befindet sich neben dem Votivkreuz eine Kopie des auf Pergament gemalten Miniaturvotivbildes von Kaiser Leopold I. und seiner zweiten Gemahlin Claudia Felicitas, Familienangelegenheiten

Heiligkreuz.

betreffend. Dabei handelt es sich um den Bruderschaftszettel der Heiligkreuzbruderschaft des Kaiserpaares. Bemerkenswert sind die wertvollen gotischen Fresken aus dem 15. Jahrhundert. Die modernen Glasmalereifenster stammen von Wilfried Kirschl und Peter Prandstetter.

Die Ziegel aus Heiligkreuz fanden im nahen Hall reichlich Verwendung, besonders dann, wenn Tuffstein aus „Rum vom Mos", aus Thaur oder aus dem Halltal zu teuer gekommen wären. Die Heilquelle zu Gampas war schon im 14. Jahrhundert ein Begriff für Heilsuchende. Die Bürgerschaft von Innsbruck und Hall zog nach Heiligkreuz, dessen Wasser – für Badezwecke – sogar an den Hof Erzherzog Ferdinands II. geliefert wurde. Die Bäder leisteten gute Dienste bei rheumatischen Leiden und Frauenkrankheiten, berichtet der Historiker Josef Hirn, und er lobt das Badhaus und das Gasthaus „zur Thres".

Heiligkreuz hat sich als das dörfliche Element von Hall erhalten. Villen und Wohnhäuser umgeben die schmucken Bauernhäuser im Dorfkern. Viele Jahrzehnte lang erwählte ein berühmter Sohn Tirols Heiligkreuz zu seinem Domizil: Monsignore Sebastian Rieger, als der Volksschriftsteller „Reimmichl" weit über Tirol hinaus bekannt. Rieger, tief verwurzelt in alttirolischer Art, stammte aus St. Veit im Defereggental und lebte von 1914 bis 1953 in Heiligkreuz. Er wirkte als Priester, Politiker, Mitbegründer des Tiroler Bauernbundes, Schriftsteller, Zeitungsmacher beim „Tiroler Volksboten" („Bötl") und durch Jahrzehnte als Kalendermann. Sein „Reimmichlkalender" ist bis heute ein fester Bestandteil in vielen Tiroler Stuben.

Absam

Das ausgedehnte Gemeindegebiet von Absam reicht über die Hinterautalkette des Karwendels bis in das obere Hinterautal, wo die Isar entspringt. München verdankt Absam demnach einiges. Kein Wunder auch, daß man vom höchsten Punkt der Gemeinde, dem 2.725 Meter hohen Großen Bettelwurf, bis nach Bayern sieht – an schönen Tagen. Auf der Sonntagskarspitze stoßen Absam, Thaur, Innsbruck und Scharnitz zusammen.

Nur ein besonderer Ort kann von sich behaupten, tausend Jahre alt zu sein. Absam, die nördliche Nachbargemeinde von Hall, kann es. Der Raum Absam ist uraltes Siedlungsgebiet, der Hügel von Melans war wohl schon in vorrömischer, prähistorischer Zeit besiedelt. Einzelne Scherbenfunde deuten darauf ebenso hin wie die Flurnamen „Monig", „Planitz" oder „Agatitsch". Absam wird als „Abazanes" erstmals im Jahr 995 in den Traditionsbüchern der Diözese Brixen genannt. Die Geschichte dieser tausend Jahre hat Absam viele Höhepunkte beschert: Salzbergbau, erster Wallfahrtsort des Landes, militärische Ausbildungsstätte, Wiege von Künstlern, Weltmeistern und Olympiasiegern. Absam ist ein altes Pfarrdorf, und sein Patron St. Michael weist darauf hin, daß die Kirche und die Pfarre im Rahmen der fränkischen Besetzung entstanden sind.

Die Gemeinde entwickelte sich im Umfeld einer Hofmark des Hochstiftes Augsburg. Nach und nach gelang es einzelnen Bauern, sich von der Grundherrschaft loszukaufen und freien Besitz zu erlangen. Im Inntaler Steuerbuch von 1312 scheint Absam erstmals als „Gemeinde" auf.

Mit Balthasar Stöpp ist bereits 1638 ein Lehrer im Ort nachweisbar, von einem Schulhaus war zu dieser Zeit noch lange nicht die Rede. Bis zum Beginn des 19. Jahrhunderts wurde – bei 216 schulpflichtigen Kindern in zwei Räumen – der Bau einer Schule zu einer vordringlichen Aufgabe. Mit der Einrichtung von zwei großen Schulzimmern im Benefiziatenwidum war dem Problem nicht beizukommen, denn im Schuljahr 1902, vermeldet die Chronik, saßen 115 Erstklaßler in einem einzigen Raum. Erst 1905 konnte die Misere mit dem Bau des Schulhauses beendet werden. Heute hat Absam zwei Volksschulen, zwei Hauptschulen, zwei Berufsschulen, eine für das Holzgewerbe, die zweite für das Gastgewerbe. Und noch aus einem anderen Grund kennen viele junge Tiroler das Dorf Absam; sie absolvierten in der Andreas-Hofer-Kaserne ihre militärische Grundausbildung beim österreichischen Heer.

In Absam setzte, ausgehend von den beiden Bergwerken (Salzbergwerk im Halltal bzw. Blei- und Zinkbergbau im Lafatsch), schon früh eine erste Industrialisierung ein. Handwerker und Knappen hatten seit jeher einen hohen Anteil an der Gemeindebevölkerung. Von dem aus dem Halltal kommenden Weißenbach wurden zwei Wasserläufe abgetrennt, der Amtsbach und das Baubachl. An ihren Ufern entwickelte sich ein großteils aus Mühlen und Fabriksgebäuden bestehender langer „Vorort Breitweg". Neue Handwerksbetriebe siedelten sich an, die die Energie des

Der „Fluchtsteig", den die Bergknappen bei Lawinengefahr benützten, um sicher in das Tal oder zu den Arbeitsstätten im inneren Halltal zu gelangen. Das Bild aus dem Jahr 1930 zeigt den Wegabschnitt oberhalb vom Bettelwurfbrünnl. Der „Fluchtsteig" beginnt bei der Wasserfassung und endet beim sogenannten „Buchenwaldele".

Wassers nutzten. Am Amtsbach entstand vor hundert Jahren die erste Fabrik, eine Baumwollspinnerei. Im 20. Jahrhundert folgten weitere Betriebe, wie die (nicht mehr existierende) Absamer Schuhfabrik, die (ebenfalls längst eingestellte) „Haifisch- und Schlangenledergärberei" oder die Tiroler Edelmetall-Gekrätzhütte, am Baubachl Swarovski-Optik, Affinerie Trentini und die Pharmafabrik Montavit.

Bereits zu Beginn des 19. Jahrhunderts war Absam eine für Tiroler Verhältnisse relativ große Gemeinde. Von 1.400 Einwohnern wuchs die Bevölkerung bis heute auf über 6.500 Personen an. 1938 verlor Absam die Selbständigkeit und wurde – gegen den Willen der Bevölkerung – ein Teil von Hall. In einer Befragung der Absamer sprachen sich nach dem Krieg 99,6 Prozent für die Selbständigkeit aus, am 20. April 1947 war sie erreicht. Aus dem Barackenlager der deutschen Wehrmacht, das später als Notquartier für Flüchtlinge und Obdachlose diente, entstand im Laufe der Jahre der neue Ortsteil Eichat, zunächst ausgestattet mit Notschule und Notkirche. Bald erhielten die Eichater die eigene Schule, und seit 1972 haben sie auch eine eigene Pfarrkirche, dem hl. Josef geweiht, ein burgartiger Bau vor den riesigen Wänden des Bettelwurfs. Beide Ortsteile, Absam-Dorf und Eichat, wuchsen schnell, sind wohl Absam, aber kein Ganzes.

Kirchlich gehörte Absam bis 1282 zur Urpfarre Thaur, wurde dann selbständige Pfarre, der auch Hall und Gnadenwald unterstanden. 1413 brannte die dem hl. Michael geweihte Pfarrkirche nieder. Weil zur gleichen Zeit die (Absam unterstellte) Kirche in Hall gebaut

Die „Gemeinde" von Absam.

Absam ist ein über die Landesgrenzen bekannter und beliebter Marienwallfahrtsort. Die in barocker Manier ausgestattete Pfarrkirche beherbergt neben dem Gnadenbild ein kostbares Kruzifix, das sogenannte „Fiegersche Kreuz".

wurde, „pendelte" der Absamer Pfarrer zwischen der Baustelle in Hall und jener in Absam, was nicht unerhebliche Folgen hatte. Bald wurden Klagen laut, der geistliche Herr kümmere sich zu sehr um die Haller, ja, man habe sogar die Kinder zur Taufe in die Stadt tragen müssen. Noch im 15. Jahrhundert wurde Absam zur Filiale von Hall, erhielt erst 1736 wieder einen eigenen Kuraten und wurde 50 Jahre später neuerlich zur Pfarre erhoben.

Die Pfarrkirche Absam, eine spätgotische, 1779 im Rokokostil umgestaltete dreischiffige Hallenkirche mit mächtigen Pfeilern und schmalen Seitenschiffgewölben, zählt zu den meistbesuchten Wallfahrtskirchen des Landes. Das Gotteshaus, im 15. Jahrhundert abgebrannt und von Meister Hans Sewer neu errichtet, wird 1331 in einer Verleihungsurkunde des Bischofs von Brixen erstmals erwähnt. Die Kirche dürfte älter sein, wesentlich älter. Neben den Deckenfresken von Josef Anton Zelger (um 1780) will der gemalte gotische Wandaltar, der einzige erhaltene in Tirol, genannt sein. Er ist vielleicht ein Werk des Hofmalers Jobst Weninger, entstand um 1470 und zeigt die Schutzmantelmadonna mit den

Heiligen Ottilie, Margarethe, Appolonia und Ursula. Von besonderem künstlerischen Wert ist das spätgotische Kruzifix links des Altarraumes, das sogenannte Fiegersche Kreuz (1492). Der Hochaltar entstand um 1780, das Altarblatt (F. S. Unterberger) zeigt den Engelsturz durch Michael.

Außergewöhnliches trägt sich am 17. Jänner 1797 im Bauernhaus Nr. 85 zu. Die 18jährige Rosina Buecher sitzt in der Stube und näht. Plötzlich sieht sie am inneren Stubenfenster das Bild der weinenden Muttergottes. Rosina schreit auf, die Mutter eilt in die Stube, erschrickt beim Anblick des Bildes und deutet die „Erscheinung" – zu Unrecht – so, daß ihrem Mann oder ihrem Sohn, die beide im Salzberg arbeiten, ein Unglück zugestoßen sei. Der Versuch, das Bild vom Fenster abzuwischen, scheitert, es taucht auf geheimnisvolle Weise immer wieder auf. Die Kunde darüber verbreitet sich schnell, sogar aus den Nachbardörfern strömen Neugierige zum „Wunder von Absam".

Dorfpfarrer Ignaz Waginger schreibt einen Bericht an den Bischof nach Brixen. Die weltlichen und die kirchlichen Behörden ordnen eine Untersuchung des Bildes an, Zeugen werden einvernommen. Dekan Meßner, der berühmte Physiker Univ.-Prof. Franz von Zallinger SJ, Chemieprofessor Dr. Schöpfer, Historienmaler Josef Schöpf und die Glasermeister Schwänninger und Appeller untersuchen das Bild, lassen es waschen, beidseitig abschleifen und ätzen, doch das Antlitz bleibt. Das Ergebnis der Untersuchung war die Vermutung, daß auf der Fensterscheibe in alter Zeit ein Glasgemälde angebracht gewesen, im Laufe der Jahre verblaßt, durch irgendwelche Einflüsse aber wieder zum Vorschein gekommen sei.

Das Volk ließ sich durch diese nüchterne Erklärung den Wunderglauben nicht nehmen. Die Absamer forderten „ihr" Bild zurück, und auf Betreiben der Bevölkerung wurde es wieder freigegeben. Aus dem ganzen Land strömten Wallfahrer nach Absam, um gerade in diesem Jahr 1797 den Schutz der Muttergottes gegen die drohende Kriegsgefahr zu erflehen. Als am 2. April 1797, am Siegestag von Spinges, die Tiroler das weitere Vordringen der Franzosen unterbanden und das Land vom Feind befreiten, schrieb das Volk diese glückliche Wendung der Fürsprache der Absamer Muttergottes zu. Endlich entschied der Brixner Bischof, daß das Muttergottesbild zur Andacht und Verehrung am Seitenaltar der Pfarrkirche aufgestellt werden soll. Am 24. Juni 1797 erfolgte die feierliche Übertragung in die Pfarrkirche. Absam erhielt damit den offiziellen Status eines Marienwallfahrtsortes zuerkannt. Das Absamer Gnadenbild wurde in der Folge das meistbesuchte und volkstümlichste Wallfahrtsziel Tirols.

Als Marienwallfahrtsort war das Dorf durch zwei Jahrhunderte „erste Adresse" im alten Tirol bis herauf in die siebziger Jahre dieses Jahrhunderts. Den Nebeneffekt des Aufblühens von Absam bekamen andere Gnadenorte zu spüren: Die Besuche von Gläubigen in der Haller Waldaufkapelle, im Gnadenort Heiligkreuz und in Mils gingen zurück.

Zum Pfarrgebiet von Absam gehören mehrere bedeutende kleine Kirchen und Kapellen. Das höchstgelegene Gotteshaus war bis zur Auflassung des Bergbaues das Rupertikirchl bei den Herrenhäusern im Halltal, heute ist es das Magdalenakirchlein, einst Teil eines Klösterchens, das im 15. Jahrhundert von einem Salzmair als Eremitage errichtet und wenig später vom Landesfürsten in ein Nonnenkloster für Augustinerinnen umgewandelt wurde. 1522 verließ der Frauenkonvent das abgelegene Kloster, dessen Verwaltung das Salzamt übernahm. Die während der Pest zu Beginn des 17. Jahrhunderts von Wallfahrern stark frequentierte Kirche wurde von Erdbeben zerstört, ab 1690 aber wieder aufgebaut. Einige schöne Fresken aus der Erbauungszeit sind erhalten geblieben. Der prächtig gearbeitete Flügelaltar kam in die Magdalenakapelle in Hall, wo er bis heute geblieben ist.

Am Ausgang des Halltales steht die „Bergerkapelle". Sie markierte einst die Grenze, hinter der das Freiungsgebiet der Bergleute begann. Zur Aburteilung von Vergehen und Verbrechen, die von Knappen im Freiungsgebiet verübt wurden, war der Salzmair, der obersten Salinenbeamte, berufen und nicht der Richter von Thaur oder der Stadtrichter von Hall. Erst Joseph II. (1770–1780) hob diese Sondergerichtsbarkeit auf.

Auch in anderer Hinsicht wurde Absam zu einem seelsorglichen Zentrum. Von Absam aus haben in den letzten Jahrzehnten viele Missionare den Weg in die Welt angetreten. Im St.-Josefs-Missionshaus der Missionare von Mill Hill waren Generationen von Buben aus Tirol und anderen Bundesländern untergebracht. Sie besuchten das Haller Gymnasium, viele von ihnen sind als Missionare nach Übersee, Afrika oder Asien gegangen, um das Wort Gottes zu verkünden. 1994 trug sich der Orden mit der Absicht, das Missionshaus als Internat zu schließen, das Haus soll künftig als Refugium für jene Patres dienen, die im Alter aus der Mission in ihre Heimat zurückkehren wollen.

An der Stelle des Wiesenhofes, weit draußen auf der Gnadenwalder Terrasse, stand einst die Wickburg. Zu ihr gehörte das heute noch erhaltene kleine Wallfahrtskirchlein „Zur Schmerzhaften Muttergottes", 1732 als Begräbnisstätte der reichbegüterten Grafen von Wick erbaut. Sie enthält heute noch Weihegaben und barocke Holzfiguren. Der „neue" Wiesenhof, um die Jahrhundertwende als Hotel errichtet, diente später als Wasserheilanstalt, Flüchtlingslager und Schulungsheim. Mit dem Hotelbetrieb begann nach 1900 die Fremdenverkehrs-Pionierzeit. Ihre Proponenten wälzten sogar Pläne, die Straßenbahn der Linie „4", die „Haller Trampl", von der Stadt über Absam bis zum Wiesenhof zu verlängern, analog der Iglerbahn von Wilten nach Igls oder der „Stubaier" von Wilten nach Fulpmes. Auf diese Weise wollten Fremdenverkehrskreise das Gnadenwalder Plateau erschließen und zum touristischen Erholungsort entwickeln. Es blieb bei Plänen. Nach dem Abbruch des Hotels entstand an seiner Stelle die Gendarmerieschule. Als Naherholungsgebiet ist Gnadenwald seither trotzdem ein fester Bestandteil der Städter aus Hall und Innsbruck. Scharen von Wanderern, Ausflüglern und motorisierten Besuchern frequentieren nahezu ganzjährig die Wälder, Wiesen, Berghänge und Almen dieser wunderbaren Landschaft.

Als bemerkenswerte profane Bauwerke von Absam verdienen, neben den Herrenhäusern im innersten Halltal, die Ansitze Melans und Krippach im Dorf hervorgehoben zu werden. Krippach, der einstige Maierhof des Hochstiftes Augsburg, der zu Beginn des 18. Jahrhunderts seine barocke Form mit dem Zwiebelturm erhalten hat, steht seit 500 Jahren im Besitz der Familie Kripp. Schloß Melans war mit hoher Wahrscheinlichkeit ursprünglich ebenfalls im Besitz des Augsburger Hochstiftes, kam 1450 an den Tiroler Landesfürsten, später an die Fieger und Zott sowie 1805 an die Familie Riccabona.

Hoch oben im Halltal, in den „Herrenhäusern", gibt das Salzbergmuseum an Ort und Stelle Einblick in die Geschichte des Salzbergs und des „weißen Goldes". In mehreren Räumen wird die 700jährige Geschichte des Salzbergbaues lebendig erhalten. Die Herrenhäuser, einst Wohnsitz der Bergoffiziere und Bergmeister, erhielten um die Mitte des 18. Jahrhunderts ihre heutige Form. Sie liegen auf 1.482 Meter Seehöhe, tief eingebettet in die wildromantische Landschaft des Karwendels. Nach der Schließung des Salzbergwerks erfüllten die Gebäude keine Funktion mehr, wurden geplündert und waren dem Verfall preisgegeben. Dem selbstlosen Einsatz der Absamer Zwillingsschwestern Olga und Hermine Wick ist es zu danken, daß die Herrenhäuser als Baudenkmäler überlebten und durch das Bergbaumuseum revitalisiert sind.

Wie das Salzbergmuseum ist auch das Absamer Matschgerermuseum ein in Tirol einmaliger Ausstellungsraum. Zwar lassen sich Fasnacht und Matschgererbrauchtum nicht ohne weiteres das ganze Jahr lebendig erhalten, das Museum vermittelt mit kunstvoll geschnitzten Holzmasken, Keramikfiguren mit Originalgewändern und anderen Schaustücken jedoch einen guten Einblick in einzelne Szenen

Ein Absamer Bauernhof vor der gewaltigen Kulisse des Bettelwurfs. Hausschilder verraten etwas von der Geschichte nicht nur des Hauses, sondern des ganzen Ortes.

des urtümlichen Fasnachtstreibens der „Matschgerer" und „Huttler", das sich in Absam, Thaur und Hall bis in das 17. Jahrhundert zurückverfolgen läßt. Zottler, Flöckler, Zaggeler, Glöggler und Klötzler, Bandltuxer, Hüatltuxer, Fleckltuxer und Absamer Bockreiter treiben in der Fasnacht ihr (Un-)Wesen.

Ein Großer der Kunst, Jakob Stainer, lebte von ca. 1617 bis 1683 in Absam, Haus Nr. 82. Der „Vater der deutschen Geige", ein Schüler der Brüder Amati in Cremona, prägte die Tiroler Geigenerzeugung, die bis in das 18. Jahrhundert für Deutschland, Frankreich und England bestimmend blieb. Stainer verkaufte seine Geigen für vier, die besten Stücke für höchstens 24 Taler an Händler, die mit den Salztransporten nach Hall kamen. Die Musikwelt schätzt ihn heute als den besten nichtitalienischen Geigenbauer, dessen Geigen unter Sammlern mit dem Vierfachen einer „Stradivari" gehandelt werden. Stainer arbeitete sich zum Hofgeigenmacher und Hofmusikus empor, starb aber trotzdem bettelarm, weil er einen Kredit beim Grafen Albert

Das ehemalige Wallfahrtskirchlein beim Wiesenhof weit draußen im Gnadenwald steht auf Absamer Boden.

Fugger in der Höhe von 450 Gulden nicht zurückzahlen konnte. Da ihm kein Zahlungsaufschub gewährt wurde, verlor der Musiker sein Haus, was ihn in den Wahnsinn trieb. Schicksal eines Genies, das kein Geschäftsmann war. Stainers Geigenbaugeheimnis dürfte darin begründet sein, daß er als Oberdeckelholz für seine Geigen Haselfichtenholz aus dem Gleirschtal bevorzugte und dessen Eignung am Klang des Holzes schon beim Anklopfen des Stammes erkannte.

Andere berühmte Absamer sind der Bergvermesser Josef Lener (1840-1922), Sebastian Ruef (1802-1877), der als Kaplan am Haller Irrenhaus psychologische, juristische und historische Abhandlungen verfaßte, die dichtende Wirtstochter Walpurga Schindl (1826-1872) und der berühmte und durch zahlreiche Einzelausstellungen hervorgetretene akademische Maler Max Weiler (geboren 1910).

Mit dem Schisprungsport auf ewig verbunden sind die Namen der „Absamer Adler" Ernst Vettori, Andreas Felder und Werner Haim. Josef Feistmantl (Kunstbahnrodeln) und Wolfgang Kattnig (Triathlon) haben ebenfalls dazu beigetragen, Absam in der Welt des Sports einen Namen zu machen.

Gnadenwald

„Auf dem Wald" - so lautet eine frühe Bezeichnung für das Gnadenwalder Mittelgebirgsplateau. Sie spricht die Landschaft an, die von Einzelhöfen überzogen ist. Sonnig am Fuße des Bettelwurfmassivs gelegen, erstreckt sich das Mittelgebirge zwischen Halltal und Vomperloch bis zum Umlberg an der Gemeindegrenze zu Terfens. Dazwischen dehnt sich herrlicher Waldbestand.

Zweimal schließen sich im Umkreis kleiner Kirchen die Einzelhöfe dichter zusammen, in St. Martin und in St. Michael. Vereinzelte Funde aus vorgeschichtlicher Zeit deu-

Freizeitparadies Gnadenwald - Wanderer, Läufer, Paragleiter, Drachenflieger, Radfahrer, Langläufer, Reiter, Bergsteiger und Minigolfer, alle finden „im Gnadenwald" vielfältige Möglichkeiten zur Ausübung ihres Sportes

Das kleine Waldkloster St. Martin (links) und die dem hl. Michael geweihte Pfarrkirche in Gnadenwald.

ten auf frühe Besiedelung. Kein Wunder, daß auch unsere Vorfahren die Schönheit und Sicherheit des Mittelgebirges schätzten.

Die Bezeichnung St. Martin auf dem Gnadenwalde führt zum Ursprung des Namens für dieses Plateau. Schon 1337 ist eine Kapelle zum hl. Martin erwähnt, zu der um 1445 eine Einsiedelei errichtet wurde. Aus ihr entstand 1497 ein kleines Kloster, das einige der Augustinerinnen von St. Magdalena im Halltal bezogen. Nach dem Brand von 1520 dauerte es mehr als 100 Jahre, bis Kirche und Kloster wieder aufgebaut waren. Um 1638 zog im Kloster eine geistliche Eremitengemeinschaft ein. Eines ihrer Mitglieder, der angesehene Haller Bürger Georg Thaler, starb 1648 und wurde in der Kirche begraben. Auf seinem Grabstein steht „St. Martin auf dem Gnadenwald". Es dauerte lange, bis die Gemeinde „Wald" den neuen Namen übernahm, denn amtlich heißt die Gemeinde mit den Ortsteilen Sankt Martin-Außerwald und St. Michael-Innerwald erst seit ungefähr 1800 Gnadenwald. Ab 1783, dem Jahr, in dem das Haller Damenstift aufgehoben wurde, verbrachte die letzte Stiftsdame im Kloster St. Martin ihren Lebensabend. Um 1820 bezog ein Einsiedler das Klösterchen, das seit 1939 im Besitz der Tertiarschwestern in Hall ist. 1947 wurde St. Martin aus der Pfarre Baumkirchen gelöst und als Benefiziat der Pfarre St. Michael zugeordnet.

Der „Fallbach" erschließt sich nur dem, der den Gnadenwald erwandert.

Die Kirche zum hl. Michael gehörte ursprünglich zur Großpfarre Absam, später Hall, wurde 1741 Kuratie und 1891 Pfarre. Auch die Michaelskirche wird schon 1337 erstmals erwähnt. Die Innenausstattung des gotischen Bauwerks, das Franz de Paula Penz 1741 erneuerte, ist im Rokokostil gehalten. Penz erbaute auch den Gnadenwalder Pfarrwidum.

Eine Kapelle in Gnadenwald hält die Erinnerung an einen großen Tiroler Freiheitskämpfer des Kriegsjahres 1809 lebendig. Schützenmajor Josef Speckbacher, der „Schpöck", wie ihn Andreas Hofer nannte, wurde 1767 im Gnadenwald geboren. Er übersiedelte später nach Rinn und starb 1820 in Hall. Speckbacher war das eigentliche strategische Genie der Freiheitskämpfe von 1809 und ist der Namenspatron vieler Schützenkompanien.

Eine liebliche Oase aus Wäldern und Wiesen, so erstreckt sich die 600-Einwohner-Gemeinde über das Mittelgebirge. Ganzjährig der Sonne wunderbar ausgesetzt, im Nahbereich der Städte, entwickelte sich Gnadenwald in den letzten Jahrzehnten zu einem beliebten Ausflugsgebiet. Wanderwege, Wald- und Pilzlehrpfad, Steige und Weglein führen über das Plateau, im Winter kilometerlange Loipen. Seit 1972 windet sich eine Maut-Höhenstraße hinauf zur Hinterhornalm und erschließt dem Ausflügler, Wanderer und Bergsteiger das Gebiet unterhalb des Hundskopfs, des Walderkamms, der Walderalm und des Vomperlochs. An vielen Tagen eine prächtige Sportarena, nahezu täglich starten Paragleiter und Drachenflieger zu kühnen Flügen hinunter ins Tal. Die Höhenstraße nutzen die Bergradler zum Training. Und hoch droben am Hundskopf lockt der Felix-Kuen-Klettersteig zu gesichertem Steilaufschwung. Aus dem Gnadenwald kann man von St. Martin durchs Farbental oder von der „Gunggl" aus über Schloß Thierburg nach Fritzens gelangen. Von der „Gunggl" aus kommt man auch, vorbei am einsamen Wallfahrtskirchlein Maria Larch, nach Terfens.

Der Gnadenwald war nicht immer so hochgelobt. Peter Regalat Stolzissi, der vor mehr als 100 Jahren einen Führer über Hall und seine Umgebung verfaßte, bezeichnet die Gegend als monoton. Die schönsten Partien des Gnadenwalds lägen auf den Höhen des Waldes, im Farbental von St. Martin nach Fritzens oder im Tälchen nach Maria Larch. Diese Teile enthielten Partien, die den Ausdruck „Na-

Die Mittelgebirgsterrasse von Gnadenwald. In der Talsohle des Inn das "Sonnendorf" Terfens, auf dem Plateau über den dicht bewaldeten Talstufen die Streusiedlung Gnadenwald und dahinter die mächtig aufragende Kulisse des Karwendels.

turpark" oder „arkadische Landschaft" verdienten. Hier paradierten breitkronige Buchen und schlanke Tannen, die Palmen des Nordens, in prächtigen Gruppen die saftgrünen Matten umkränzend. Diesem Naturpark fehle aber das belebende Element Wasser. Was die Gasthäuser betreffe, lasse manches zu wünschen übrig, meinte Stolzissi. Die Zeiten haben sich geändert. Heute ist die Gnadenwalder Gastronomie weitum tonangebend.

Mils

Mils ist ein altes Dorf auf uraltem Siedlungsboden, urkundlich um 930 als Mulles erstmals genannt, frühmittelalterliche Gräber weisen noch weiter zurück, eine Bronzefibel gar in vorgeschichtliche Zeit. Der Haller gelangte durch das Absamer Tor nach Absam, durch das Thaurer Tor nach Thaur, durchs Milser Tor nach Mils. Während Hall, Absam, Heiligkreuz und teils auch Thaur durch das Salzbergwerk und die Saline einen über Jahrhunderte bestehenden Wirtschafts- und Siedlungsraum bilden, liegt

Mils östlich des Weißenbachs und damit etwas abseits. Auch pfarrlich war es mehr nach Osten orientiert, bildete mit Baumkirchen eine Urpfarre und stritt mit dem Partner jahrhundertelang um den Pfarrsitz. 1602 erfolgte die Trennung. Seither ist Mils selbständige Pfarre.

Mils war bis zum Dorfbrand von 1791, dem auch die spätgotische Pfarrkirche zum Opfer fiel, eine vielbesuchte Marienwallfahrt. Das Gnadenbild „Maria mit dem Kinde" soll vor mehr als tausend Jahren in einem hohlen Eichenbaum östlich des Dorfes entdeckt worden sein. Ein Bildstock erinnert daran. Das Gnadenbild, das heute auf dem linken Seitenaltar der 1804 eingeweihten neuen Pfarrkirche Mariä Himmelfahrt steht, ist eine Ersatzfigur, das Original dürfte bereits im 14. oder 15. Jahrhundert durch einen Brand zerstört worden sein. Die prunkvollen schwarzgoldenen, frühbarocken Altäre stammen aus der Kirche des Regelhauses der Serviten in Innsbruck, das bis 1783 Eigentümer des Ansitzes Grünegg in Mils war. Das Hochaltarblatt schuf Alois Wagner 1797, die Deckenbilder Rudolf Margreiter 1908. Nach dem Brand und mit zunehmender Beliebtheit der Absamer Wallfahrt trat Mils als Wallfahrtsort zurück.

Als im Jahr 1447 die größte Feuersbrunst in Hall ausbrach und einen Großteil der Stadt zerstörte, gelobten die leidgeprüften Haller, an jedem Jahrtag (Donnerstag vor dem Palmsonntag) mit einem Kreuzgang zu „Unserer Lieben Frau Himmelfahrt" nach Mils der Strafe Gottes zu gedenken. Der Kreuzgang „hielt" bis zum Jahr 1938, dann wurde er aus Gründen der „Verkehrssicherheit" verboten. Und prompt brach eine noch größere Katastrophe über Hall herein, die Stadt wurde bei Luftangriffen in den Jahren 1944/45 schwer bombardiert. Der schwerste Angriff (am 16. Feber 1945) betraf vor allem die westlichen und östlichen Stadtrandgebiete. Der Bahnhof wurde verwüstet, das Zufluchtshaus der Barmherzigen Schwestern zerstört, vernichtet wurde auch die barocke Kapelle Maria Scheidenstein, schwer beschädigt die Salvatorkirche. 80 Menschen fanden den Tod

Das spätgotische Annakirchlein im Friedhof (frühes 16. Jahrhundert) beherbergt eine besondere Kostbarkeit: die berühmte Milser Ölberggruppe aus der Zeit von 1505 bis 1510. Sie besteht aus vier lebensgroßen Figuren (Christus, Petrus, Jakobus und Johannes Evangelist), die in so ergreifendem Ausdruck und mit solchem Schwung geschnitzt sind, daß man sie sogar Albrecht Dürer oder anderen hervorragenden Meistern (Veit Stoß, Gilg Sesselschreiber) zuschreiben wollte. Wer das überragende Kunstwerk tatsächlich schuf, ist unbekannt. Die Ölberggruppe soll angeblich für Innsbruck bestimmt gewesen sein. Das Schiff, das die kostbare Fracht innaufwärts trug, sei aber unterhalb des Dorfes „bei der Steinpruggn" wie von unsichtbarer Hand festgehalten worden. Durch göttliche Lenkung kam demnach eines der hervorragendsten Werke deutscher Plastik nach Mils.

Verschollen soll die älteste Milser Glocke sein, die der Sage nach der legendäre Räuber vom Glockenhof (Hans Kofler oder Gatterer) 1622 gegossen hat. Manche behaupten – und das wird wohl der wahre Kern der Geschichte sein –, sie sei beim Brand der Kirche 1791 „zerschmolzen" und die heutige „Große" aus ihrem Metalle gefertigt worden.

Mils ist auch ein Krippendorf. In vielen Häusern stehen zur Weihnachtszeit alte und wertvolle Darstellungen des Weihnachtswunders. Das vielleicht wertvollste Stück, die Tiefenthalerkrippe mit 312 etwa 20 Zentimeter großen barocken Figuren des Thaurer Krippenschnitzers Johann Giner d. Ä., eine der größten Privatkrippen des Landes, wurde leider nach Deutschland verkauft.

In der „Milser Heide", nördlich des alten Dorfkerns, hielt die k.u.k. Bergartillerie der Tiroler Kaiserjäger, untergebracht im Augmentationsmagazin in der Milser Straße, mit ihren Gebirgskanonen Schießübungen ab. Später folgten die Soldaten der deutschen Wehrmacht, nach dem Krieg robbten die französischen Besatzungssoldaten „zwischen Busch und Hügeln", dann vergnügte sich die Haller Jugend im Abenteuergelände der „Heide". Heute dehnt sich hier eine neue Wohnsiedlung aus (Mils-Nord). Die schöne sonnige Lage des Ortes, abseits der Hauptverkehrslinien, und die Freigabe des einstigen Exerzierplatzes der Tiroler Kaiserjäger auf der Milser Heide begünstigten die Entwicklung von Mils als Siedlungsgebiet. Aus der überwiegend landwirtschaftlichen Gemeinde, wie Mils bis in die Nachkriegsjahre eine war, wandelte sich der Ort zu einem Wohndorf für 3.800 Einwohner. Die Beziehungen der Haller zu Mils sind anders geworden. Die Milser suchen die nahe Stadt für Einkauf, Kultur, Schulen und Unterhaltung auf. Viele Haller sind in den vergangenen Jahren nach Mils übersiedelt und haben sich dort ein neues Heim im Grünen geschaffen. Mils ist so etwas wie der Vorortgarten von Hall geworden.

Das „Taubstummeninstitut" ist eine soziale Einrichtung, über Tirol hinaus bekannt und geschätzt. 1830 zunächst im Südtiroler Brixen gegründet, übersiedelte die Hilfseinrichtung fünf Jahre später nach Hall. 1879 zog das Institut nach Mils. Als Schule ist das Institut für hör- und sprachgestörte Kinder eine wertvolle Einrichtung zur Integration und Sozialsierung schwergeprüfter Menschen. In der Nachbarschaft befindet sich eine zweite landesweit bedeutsame Sozialeinrichtung, das St.-Josefs-

Straßenzug in Mils.

Mils aus der Luft, in Richtung Absam und Thaur.

Institut, in dem körperlich und geistig Schwerstbehinderte ein von Barmherzigen Schwestern liebevoll geführtes Heim finden.

Im oberen Dorf steht, vermutlich auf den Trümmern der alten Stammburg derer von Mils, Schloß Schneeburg. Der böse Oswald, einer der Milser, saß später als stolzer, übermütiger Gebieter auf Schloß Seefeld. Am Gründonnerstag des Jahres 1384 verlangte er vom Seefelder Pfarrherrn, um sich von den gewöhnlichen Leuten zu unterscheiden, bei der Kommunion eine große Hostie, wie sie sonst nur der Priester empfängt. Aus Furcht vor dem strengen Schloßherrn reichte der Priester dem Milser den Leib des Herrn. Kaum hatte der Frevler die Hostie empfangen, färbte sich diese blutrot, der Boden wankte unter seinen Füßen, der sich in Todesangst krampfhaft mit den Händen am Steingeländer festhielt. Hände und Knie drückten sich tief in den Stein. Die Frau Oswalds, eine herzensharte und hochmütige

Frau, erfuhr im Schloß von dem Wunder. Ungläubig sagte sie: „Eher glaube ich, daß aus diesem vertrockneten Rosenstock neue Blüten wachsen, als daß ich dieses Gerede für wahr halte." Augenblicklich sprossen aus dem dürren Stock duftende Rosen. Die stolze Frau riß die Rosen vom Strauch und verfiel dem Wahnsinn. Ritter Oswald aber bekehrte sich und zog sich reumütig in das Kloster Stams zurück, seinen Besitz in Mils vermachte er der Kirche. Das „Oswald-Milser-Haus" im Winkel, „beim Schneider" genannt, war ein Herrenansitz, der lange als Wohnsitz des Ortspfarrers diente, bis 1779 ein neuer Widum gebaut wurde.

Bei ihren Jagden im Gnadenwald hielten sich die Landesfürsten Herzog Sigmund und Kaiser Maximilian gern in ihrem Jagdschloß Grünegg auf. Wegen Baufälligkeit baute es Erzherzog Ferdinand 1583 neu auf, versah es mit einer Kapelle und nannte es „Hirschenlust Grünegg" (Grienegg). Das dazugehörige Jagdrevier reichte vom Weißenbach zum Baumkirchner Bach und weiter bis zum Inn. Nach 1620 bewohnten Servitenpatres aus Innsbruck den Ansitz, ehe er 1686 abbrannte. Die kahlen Gemäuer standen verlassen, und wenn einer in der Nähe etwas baute, holte er sich die Steine von Grünegg. Beim Bau des Widums 1778 war

Die Ölberggruppe im Annakirchlein zählt zu den hervorragendsten Werken deutscher Plastik. Wer sich dem Dorf von Osten nähert, dem verbirgt sich der Ort lange.

es nicht anders. Noch vor hundert Jahren bezogen die Milser ihre Haussteine von dieser Ruine, deren letzte Brocken für den Bau des Badhauses in Baumkirchen (1840) verwendet wurden. Bis 1940 markierten vier Eichen die Grundfläche des einstigen landesfürstlichen Schlosses am Nordrand des alten Dorfes. Heute ist von der Ruine nichts mehr zu sehen.

Der Überlieferung nach sind in den Kellern des Schlosses, deren wohlgefügte unterirdische Gewölbe noch erhalten sein sollen, überaus kostbare Schätze verborgen. Bisher haben alle vergeblich danach gegraben. Nur im Bienenangerl beim nahen Grieneggergut, dem ehemaligen Maierhof des Schlosses, wurden beim Umstechen im Garten immer wieder einzelne Kupfermünzen aus der Theresianischen Zeit gefunden. Auf dem „Grienegger" Schloßfeld soll ein geheimer Eingang zu weit besseren Schätzen führen. Der alte Buslervater erzählte einmal, er habe den Eingang zu diesem Keller entdeckt. Da gerade die Mittagsglocken geläutet hätten, sei er heimgegangen. Am Nachmittag, als er sich wieder auf dem Schloßfeld eingefunden habe, sei der Eingang jedoch spurlos verschwunden gewesen.

In Mils erzählt man sich auch von alten Gängen, die von „Grüneggn zum Glockenhof am Volderwald" hinüberführten. Auch Schloß Friedberg und der Ansitz Kolbenturm seien mit Grünegg durch unterirdische Gänge verbunden gewesen. Beim St.-Josefs-Institut, an dessen Stelle einst der ummauerte, ansitz-

Mils im Winter.

artige „Gramentlhof" stand, soll man einst auf einen solchen Gang gestoßen sein. Im Garten des Antholzerbauern bezeichneten Kruzifixe jene Stätte, auf der vor Jahrhunderten die Opfer des „Großen Sterbens", der Pest, beigesetzt worden waren. Beim Grundaushub für einen Stadel des „Beinstingl" entdeckte man vor Jahrzehnten etliche Gebeine, der Vermutung nach Pestleichen. Knochen im Keller beim „Mang" sollen auf Römergräber hinweisen, meinen Historiker, zumindest auf Gräber aus frühen Jahrhunderten. Die Sage von Räubern am Glockenhof im Volderwald ist zwar geschichtlich nicht belegt, wohl aber, daß sich räuberische Gesellen in der Gegend herumtrieben. Reisende hatten es damals schwer, sie hatten ein regelrechtes Spießrutenlaufen zu überstehen: Am „Remmelrain" lauerten die Milser, die Volderer saßen bei der Volderer Innbrücke, die Baumkirchner an der „Steinpruggen" und die Fritzner beim „Himmelreich".

Milser Stein galt früher als wertvoller Baustoff, gebrochen wurde er vermutlich bei der Walderbrücke. Die Ablagerungen des Gnadenwalder Plateaus dienen heute noch als fast unerschöpfliche Schottergrube. Die alte Milser Steinbrücke soll einst an der Gemeindegrenze gegen Baumkirchen einen Arm des Inns überbrückt haben. Dieses Nebengerinne folgte dem Fuß des Milser Schuttkegels und zog sich entlang der Berglehne ostwärts. Ein Hinweis im Milser Weistum von 1591 nimmt auf diese Brücke Bezug: „Wenn die Pambkirchner einen Gefangenen haben, sollen sie ihn an der Steinpruggn mit einem Seidenfaden anbinden." Bei dieser Steinbrücke wird auch jener „Hafen am Inn bei Mulles" vermutet, der 1152 vom Stift Admont den Andechsern überlassen wurde. Möglicherweise befand sich der Hafen aber auch in jener Bucht beim „Remmlrain", die von einer alten Mauer gegen den Innstrom abgegrenzt war. Auf die einstige Steinbrücke weisen mehrere alte Flurnamen wie „bei der Steinpruggn" hin. Nach mündlicher Überlieferung soll es einen unterirdischen Zusammenhang zwischen dem jetzt weit entfernten Innbett und dem ehemaligen Innarm direkt unter dem Baumkirchner Weg gegeben haben. Sobald der Inn Hochwasser führte, soll der Arm mit Wasser gefüllt gewesen sein. Der Baumkirchner Geograph Franz Fliri weiß von einer Erzählung seines Urgroßvaters, wonach bei der Feldarbeit im trockenstehenden alten Innbett plötzlich ein Ochsenpaar bis zum Bauch im Wasser stand. Am selben Tag war der Gletschersee im Ötztal ausgebrochen (1845 bzw. 1848). Die losbrechenden Fluten hatten den Inn zu Hochwasser anschwellen lassen, und damit war auch der damalige Innlauf unterhalb von Baumkirchen, „bei der Milser Steinpruggn", plötzlich mit Wasser gefüllt. Eine Erklärung, die glaubhaft scheint, wenn man bedenkt, daß der Inn früher nicht reguliert war und mehrere Abzweigungen und Nebenarme hatte. Analog zu den für den Bau des Baumkirchner Badhauses verwendeten Quadersteinen des einstigen Schlosses Grünegg vermuten Historiker, daß auch die Steine der einstigen „Steinbrücke" nach Versandung des alten Innbettes für den Badhausbau nutzbar gemacht wurden.

Bis vor hundert Jahren waren die Milser ein spielfreudiges Volk, das fleißig Bauerntheater und Ritterstücke zur Aufführung brachte. Die Bühne stand im Wirtsgarten des „Lorer", die Zuschauer saßen im Freien. Zu den berühmten Akteuren zählte die „Heiligwasser Marie", eine langjährige Widumhäuserin.

Der Heilige Florian. Holzstatue in Mils.

Hauptfigur in vielen Stücken war der Schalknarr. Viele lustige Reime und Szenen gingen von Mund zu Mund, wurden über Generationen überliefert, wie etwa die folgende: Der böse Ritter ist über seinen dummen Knecht erzürnt und zieht das Schwert, um ihn niederzustechen. Der Knecht bittet inständig: „Stecht mich doch in den Hintern, ich kann kein Blut sehen!" In sein Schicksal ergeben, wendet er dem Herrn seine Kehrseite zu. Der aber gibt ihm einen derben Tritt, sodaß der Knecht zum Gaudium der Zuschauer wie ein Rad von der Bühne stürzt. Spieltexte dieser frühen Milser Ritterstücke sind leider nicht mehr vorhanden. Sie dürften 1872 beim Brand des Lorerwirtshauses vernichtet worden sein. Ein Inventarstück der einstigen Bühne war das „Krokodil". Nach Einstellung des Spielbetriebes wurde aus dem Krokodil ein Bärenkopf, der bei Fasnachtsumzügen eine große Rolle spielte und schließlich an ein Münchner Museum verkauft wurde. Die Milser Fasnachtsumzüge, das „Milser Mullerlaufen", ist in den letzten Jahren wieder aktiviert worden. Fasnacht und Spiel stecken den Milsern eben im Blut ...

Den Namen Tiefenthaler verbindet man mit Mils und Malerei. Paula Tiefenthaler (1881–1942) lernte beim Kunstmaler Alfons Siber in Hall und bei Franz Defregger in München. Eine Szenerie zur Todesangst Christi am Ölberg ist ihr monumentalstes Werk. Es befindet sich in der Heimatkirche. Tiefenthaler schuf auch wertvolle Schützenscheiben; einige davon befinden sich im Gasthaus Tiefenthaler. Toni Tiefenthaler (1929–1982), ein Neffe der Paula, zählt zu den bedeutendsten Aquarellisten der Nachkriegsjahre in Tirol.

Thaur

Wenn schon die Illyrer, vermutlich die ersten Siedler in Thaur, so sonnenhungrig wie die heutigen Zeitgenossen oder auf der Suche nach fruchtbarem Land und sicherem Siedlungsgebiet waren, verwundert es nicht, daß sie Thaur gegründet haben. Ein Urnengräberfeld aus der späteren Bronzezeit, entdeckt in der Nähe der Kinzachmühle im Osten von Thaur, weist auf die vorgeschichtliche Besiedlung dieser Gegend um 1000 vor Christus hin. Später lösten die Römer die Illyrer ab und brachten vermutlich den Weinstock nach Thaur. Schon den Römern waren die Salzquellen im Halltal bekannt. 827 übertrug der römische Grundherr Quartinus seine Besitzungen „ad Taurane" dem Kloster Innichen. Die Schenkungsurkunde enthält den ältesten urkundlichen Nachweis von Thaur.

Rasch entwickelt sich Thaur zum bedeutenden Ort „Toura". Um das Jahr 1000 schon war es ein blühendes Dorf, bis 1270 dürfte sich die Salzverarbeitung in der Gegend von Thaur befunden haben, ehe sie nach Hall verlegt wurde. Wahrscheinlich bezeichnen die Urkunden aber nicht die Gemeinde, sondern das Gericht Thaur, sodaß sich die Saline auch am Eingang in das Halltal befunden haben könnte. Aus dem 11. Jahrhundert stammen die Mauern des einst stolzen, nördlich über dem Dorf liegenden Thaurer Schlosses, von dem aus die mächtigen „Grafen von Thaur" über das Inntal regierten. Das Schicksal des Schlosses spiegelt die Geschichte des Ortes wider. Der Graf von Hirschberg baute es im 13. Jahrhundert zur größten Burganlage Tirols aus. 1284 ging sie in den Besitz der Tiroler Landesfürsten über. Margarethe Maultasch verweilte im Schloß ebenso gern wie Sigmund der Münzreiche oder Kaiser Maximilian I., der am Schloßberg wieder Südtiroler Weinreben anpflanzen und einen Fischteich anlegen ließ. Als Gerichtssitz des Landesfürsten gehörte Schloß Thaur zu den politischen Zentren Tirols. Ein Großbrand im Jahre 1536 und die Serie schwerer Erdbeben im 17. Jahrhundert, die vor allem in Hall gewaltige Schäden verursachten, zerstörten auch Schloß Thaur, von dem heute nur mehr einige Ruinenreste stehen. Das Wappen der Gemeinde („drei rot bedachte Türme auf grünem Dreiberg") erinnert an das alte Schloß und das einstige Gericht Thaur.

Thaur war nicht nur häufig Jagdsitz des Landesfürsten, sondern auch Gerichtssitz und Urpfarre. Der Gerichtsbezirk des „Pflegers im Inntal" (Thaur) reichte zwischen 1288 und 1830 von Hötting bis Vomperbach. Nach dem Verfall des Schlosses wurde das Gericht 1670 in das Pflegamtshaus in der heutigen Schulgasse verlegt, dessen gotische Gewölbe allgemeine Bewunderung finden. 1809 erfolgte die Vereinigung des Gerichtes Thaur mit dem Landgericht Hall. Das Pflegamtshaus fand vorübergehend Verwendung als Volksschule und dient der Gemeinde nach Erweiterung und Restaurierung seit 1980 als Gemeindezentrum „Altes Gericht" (Mehrzweckgebäude mit Gemeindesaal, Bühne, Probelokalen, Bücherei). Wo einst Recht gesprochen wurde und mancher Delinquent im Kerker darbte, vergnügen sich die Thaurer heute bei Musik und anderen kulturellen oder gemeindeöffentlichen Initiativen.

„Auf Fels gebaut", das soll der illyrische Name Thaur bedeuten. Thaur macht seinem Namen alle Ehre. In der Bewahrung seiner Tradition ist das Dorf nämlich unverrückbar wie ein Block aus festem Granit. Thaur ist das Dorf mit starker kirchlicher Tradition und alten Bräuchen, das Dorf des heiligen Romedius, der der Legende nach als Sohn eines „Grafen von Thaur" geboren sein soll, und Thaur ist das Dorf alten Fasnachtsbrauchtums, des Mullerlaufens.

Aus einem Bauerndorf ist Thaur in den letzten drei Jahrzehnten zur Wohngemeinde für über 3.600 Einwohner gewachsen. Die Landwirtschaft wird intensiv als Gemüsebau betrieben; aus dem einstigen

Ein Bilderbogen aus der Salzregion: Ruine des Schlosses Thaur, ein Bildstock mit Darstellung des hl. Romedius und die Pfarrkirche in Thaur sowie ein alter Bauernhof in Absam.

„Krautdorf" hat sich eine blühende (Fast-)Ganzjahresbewirtschaftung der sonnig gelegenen Fluren mit Gemüse aus allerlei Sorten und Arten entwickelt. Fleißige Hände bauen mit Hilfe modernster Maschinen nicht nur Radieschen, Salat und Kraut an. Der Thaurer Gemüsekorb ist längst gefüllt mit Rüben, Brokkoli, Gurken, Kohlrabi, Bohnen und Erdäpfeln. Die findigen Gemüsebauern entdecken immer wieder neue Marktnischen, Erdbeeren oder Himbeeren etwa, und sie sind der Konkurrenz stets eine Nasenlänge voraus. „Auf Gemüse gebaut" – diesen Namen müßte die Jetztzeit dem Ort geben, denn Thaur hat sich in der Region und im Umfeld von Innsbruck längst als *der* Gemüselieferant etabliert.

Die überaus sonnige Lage des Dorfes begünstigt aber nicht nur den Gemüseanbau. An den Hauswänden der stattlichen Bauernhöfe findet man Feigen und Kiwis, ja sogar Bananenstauden. Und Wein. Thaur schließt damit an eine frühe Tradition des Weinanbaus in Nordtirol an, der einst an den sonnigen Hängen von Zirl, Innsbruck-Hötting, Arzl, Rum, Absam, Hall, Mils und eben Thaur üblich war. Alte Flur- und Hausnamen wie „Weinfeld" oder „Weinschreiber" erinnern daran.

Wie das Gericht Thaur den Bezirk von Hötting bis Vomperbach umfaßte, betreute die Urpfarre Thaur jahrhundertelang einen großen Bereich, der neben dem Kerngebiet auch die heute selbständigen Seelsorgesprengel Mühlau, Arzl, Rum, Absam, St. Michael im Gnadenwald und Hall sowie das Benefiziat Heiligkreuz (Gampas) umfaßte.

Die erste Pfarrkirche von Thaur war vermutlich die Kirche beim Schloß (auch Schloßkirche, Peterskirche oder Romedikirchl genannt). Die heuti-

Das Romediuskirchlein wacht über das stattliche Dorf, in dem Tradition großgeschrieben wird.

ge Pfarrkirche Mariä Himmelfahrt mit den sehenswerten Grabsteinen an der Außenwand entstand erst gegen Ende des 15. Jahrhunderts, wahrscheinlich an der Stelle einer aus dem 13. Jahrhundert stammenden Vorgängerkirche. Um 1766 barockisierte Johann Michael Umhauser, der den Madleinhof besaß, das Kircheninnere, die Deckenfresken malte Franz Pernlochner d. Ä., ein einheimischer Künstler wie Johann Giner der Ältere und der Jüngere, von denen die Apostelstatuen stammen.

Andere Kirchen im Ort sind älter. Die Hochstifte Augsburg und Trient traten in Thaur schon früh als Grundherren in Erscheinung. Der Afrahof diente den Augsburgern als Verwaltungssitz. Die zu diesem Hof gehörige, in ihrer Anlage romanische Ulrichskirche gibt schon durch ihren Namen Hinweis auf die Augsburger Herrschaft, denn Afra und Ulrich sind die Patrone der Fuggerstadt Augsburg. Die Ulrichskirche, wie damals auch heute ein Zugehör des herrschaftlich anmutenden Afrahofes und damit die einzige Privatkirche, die es in Tirol gibt, wurde in den letzten Jahren mit großem Aufwand und mit Unterstützung der Messerschmitt Stiftung vorbildlich restauriert. Das spätestens im 13. Jahrhundert errichtete Gotteshaus, in dessen Apsis ein Flügelaltar aus der Zeit um 1580 steht, zeigt an den Wänden gotische Fresken von bemerkenswerter Qualität, frühgotisch bis barock sind die Figuren.

Die vierte Kirche von Thaur, die Vigilkirche, steht in Verbindung mit dem Hochstift Trient. (Der hl. Vigilius war Bischof von Trient.) Sie ist ein Bauwerk des 15. Jahrhunderts und steht östlich des Dorfkernes an jenem Weg, den früher die Salzbergarbeiter ins Halltal nehmen mußten. Die heutige Gestalt gaben dem Kirchlein um 1643 Angehörige des Salzbergwerkes und der Saline. Seither galt die Vigilkirche, deren Ausstattung aus der Erbauungszeit zum Großteil erhalten ist, als Zunftkirche der Salzknappen.

Ein weiteres Heiligtum im Gemeindegebiet von Thaur ist die Loretokirche in der Haller Au, direkt an der Bundesstraße gelegen. Erzherzog Ferdinand II. von Tirol und seine Frau Anna Katharina von Mantua ließen das kleine Gotteshaus 1589 mit „Marmor, der beim Volderwald in der Gemeinde Tulfes gebrochen wird", errichten. Vorbild für den Bau des Heiligtums war die Kirche in Loreto (Mittelitalien) – fensterlos, mit roter Ziegelbemalung, eine schwarze Madonna mit Kind als Gnadenbild. Das einstige Wallfahrtskirchlein beherbergt den Magdalenaaltar, ein frühes Beispiel eines Säulenaltars in Renaissancemanier. Das um 1570 entstandene Kunstwerk stammt aus der Damenstiftskirche in Hall. Das Erzherzogspaar stiftete auch 15 Stationssäulen aus Nagelfluh, die entlang der Haller Straße von Loreto bis Mühlau reichen und 1955 von den Tiroler Künstlern Max Weiler, Max Spielmann und Helmut Rehm mit neuen Bildern geziert wurden. Das Loretokirchlein stand zur Gründungszeit noch in der „Au" und war nur auf einem Auweg zu erreichen, den die frommen Beter wegen seiner Abgeschiedenheit fürchteten. Die Verkehrsverbindung von Innsbruck nach Hall führte noch über Arzl, Rum und Thaur. Trotzdem wurde die Loretokirche schon bald nach ihrer Gründung ein vielbesuchter Wallfahrtsort. 1785 verfügte Joseph II. die Sperre des Heiligtums, das Gnadenbild kam in die Pfarrkirche Mühlau. Sieben Jahre später konnte es wieder in die neu eröffnete Loretokirche zurückgebracht werden. Um die Jahrhundertwende verlor das Kirchlein seine Bedeutung als Wallfahrtsstätte.

Ruft man in Thaur in ein Haus „Medi" hinein, kommt ein Bub heraus. Der Vorname Romed, in vielen Familien vererbt und bis heute gebräuchlich, geht auf den heiligen Romedius zurück. Die Schloßkirche hoch droben am Berghang ist den Aposteln Petrus und Paulus geweiht. Die Thaurer nannten sie früher daher meist „Peterskirche", später wegen der Verehrung des Romedius aber auch „Romedikirchl".

Die ursprünglich römische Doppelkapelle war einst wohl Pfarrkirche der ausgedehnten Urpfarre Thaur. Wegen Baufälligkeit, hervorgerufen durch die Erdbeben im 17. Jahrhundert, mußte das Gotteshaus 1779 neu gebaut werden. Johann Michael Umhauser führte den Neubau aus, Josef und Franz Giner,

Vom „Krautdorf" entwickelte sich Thaur zu einem schmucken Gemüsebauerndorf und zur Gemeinde mit Wohnqualität.

aus Thaur gebürtige Schüler und Gehilfen des berühmten Josef Anton Zoller, malten die Deckenfresken, die Romediusfigur am Hochaltar schnitzte Franz Stöckl (1713). 1994 erfolgte innen und außen eine gründliche Renovierung. Als strahlendes Kleinod wacht die Kirche nun wieder über das Dorf.

Der hl. Romedius wurde, so die Legende, im Thaurer Schloß als Sohn eines Grafen von Thaur geboren. Einsam und zurückgezogen gab er sich in einer Felsenhöhle frommen Betrachtungen hin und erbaute am Schloßhügel eine Kapelle zu Ehren des hl. Apostels Petrus. Nach dem Tod seiner Eltern vermachte Romedius seine Güter den Hochstiften Augsburg und Trient und lebte zurückgezogen als Einsiedler im Welschtiroler Nonstal. Romedius wird stets mit einem Bären dargestellt. Auf dem Weg zum Bischof nach Trient riß nämlich ein Bär das Pferd des Romedius und mußte dem frommen Mann für den Rest des Weges als Reittier dienen. Der hl. Romedius war lange Zeit Patron ganz Alt-Tirols, seine Legende ist bis heute lebendig, sein Todestag am 15. Jänner wird in Thaur wie in San Romedio im Nonstal als Feiertag begangen. Um die Reliquien des Heiligen rankt sich eine andere Geschichte. 1851 erbaten die Thaurer von der Abtei St. Georgenberg das Haupt ihres Heiligen. In feierlicher Prozession geleiteten 6.000 Gläubige das Gebein auf den Thaurer Schloßberg. Später stellte sich jedoch heraus, daß der Prior von San Romedio seinerzeit nicht den Schädel des Heiligen, sondern eine andere Reliquie an die Benediktiner vom Georgenberg ausgeliefert hatte. Das Haupt des Heiligen befindet

Leider nicht mehr alltäglich in der Salzregion: ein altes Bauernhaus.

sich daher nach wie vor in San Romedio; wird behauptet. An die „Romedikirche" ist eine Einsiedelei angebaut. Der letzte Einsiedler, ein Schweizer, verließ die Stätte um 1930.

Trotz seiner Nähe zu den Städten Hall und Innsbruck hat sich in Thaur ein reichhaltiges und lebendiges Brauchtum erhalten. Als einzige Orte in Tirol halten Thaur und Hall am Palmsonntag noch den Palmeselumzug. Nach der Palmweihe am Morgen bewegt sich am Palmsonntags der Palmeselzug von Thaur hinauf zur Schloßkirche, von dort weiter in die Nachbarpfarre Rum und zurück über die Wiesen nach Thaur – eine Art Wallfahrt und lebendiges Zeugnis alten christlichen Brauchtums. Ministranten ziehen die fast lebensgroße, geschnitzte, auf einem Esel sitzende Christusstatue den steilen Schloßberg hinauf – trotz des fahrbaren „Untersatzes" keine leichte Aufgabe. Den Zug begleiten viele Gläubige und Buben mit langen Palmstangen, die in Thaur ebenfalls eine Besonderheit sind. Auf jeder Stange befindet sich eine kleine Plattform; auch auf dieser steht ein kleiner Palmesel. In der Sakristei der Rumer Pfarrkirche erhalten die Ministranten, die Palmeselzieher, die Bläser und der Priester auf Grund einer alten Stiftung eine kleine Labung in Form von Brezen. Früher ging die Wallfahrt von Rum über die Dörferstraße nach Thaur zurück. Die Haller haben den Brauch, beim Umzug den Palmesel einzusetzen, 1968 wiederbelebt; ihre Prozession führt durch die Haller Altstadt.

Ein anderer kirchlicher Brauch, der nur mehr in zwei Orten Tirols gehalten wird, ist die Grablegungsprozession. In der Karwoche wird im Altarraum der Pfarrkirche ein „Heiliges Grab" aufgestellt. Am

Karfreitag ziehen die Gläubigen in langer Prozession von der Kirche durch das Dorf und zurück in die Kirche, dabei tragen sie eine Christusfigur zu Grabe. Prozessionen und Umgänge gehören zum festlichen Kirchenjahr. In Thaur werden große Prozessionen gehalten zu Fronleichnam, zu Mariä Himmelfahrt (15. August) und am Rosenkranzsonntag im Oktober. Dazu kommen Erntebittprozession, Feldse-

Die Pfarrkirche Mariä Himmelfahrt ist, obwohl im 15. Jahrhundert erbaut, nicht die älteste Kirche des Dorfes.

genprozession, Sebastianiprozession und Erntedankprozession. Das gläubige Volk, Musikkapelle, Schützen und Fahnenabordnungen der örtlichen Korporationen begleiten das Allerheiligste, das der Pfarrer durch den Ort trägt. Eine besondere Garde, die „Partisaner", geht als Wache mit. Umgänge ohne Mit-führung des Allerheiligsten sind die drei Bittgänge an den Bittagen, die Grablegungsprozession und der Kreuzgang am 1. Mai nach Gnadenwald.

Über Tirol hinaus bekannt ist Thaur auch wegen seiner Krippentradition. Früher stand von Weihnachten bis Lichtmeß (2. Feber) in jedem Bauernhaus eine geschnitzte Krippe, die man besichtigen konnte. Es war alte Sitte, daß die Leute aus der Umgebung nach Thaur kamen, um von Haus zu Haus „Krippeleschau'n" zu gehen. Das „Krippenschauen" Auswärtiger hat in den letzten Jahren aber derart zugenommen, daß sich heute für eine Krippenführung die Anmeldung beim örtlichen Krippenverein empfiehlt. Der Brauch, das Weihnachtsgeschehen mit Figuren anschaulich darzustellen, ist im 16. Jahrhundert entstanden. In Thaur hat sich das Krippenwesen besonders entfaltet, viele heimische Schnitzer (Giner, Pernlochner, Speckbacher und andere) haben durch ihre Kunst ihr Heimatdorf zum Zentrum der Tiroler Krippenkunst gemacht. Heute gibt es in Thaur über 110 große Krippen, dazu noch viele kleinere. Die größte und schönste Krippe befindet sich in der Pfarrkirche, die älteste ist die kleine „Maxenkrippe" aus dem 17. Jahrhundert, die aus dem Haller Damenstift stammen dürfte.

Auch das schlichte Wegkreuz weist auf die Glaubenstradition der Dorfbewohner hin.

Vom „Krippeleschau'n" bis zum „Mullen" ist es kalendermäßig nur ein Sprung. Auch die Faschingszeit an sich ist in Thaur eine Besonderheit; sie beginnt nämlich erst nach Romedi (15. Jänner), für Strenggläubige nach Lichtmeß (2. Februar), und endet offiziell am „Unsinnigen Donnerstag", also einige Tage vor dem Faschingsdienstag. So kann es passieren, daß die Thaurer Fasnacht in bestimmten Jahren nur 14 Tage währt. Umso intensiver ist das Fasnachtstreiben mit „Mullen" und „Mullerlaufen".

„Muller" ist ein Sammelbegriff für die Masken wie Zottler und Zaggeler, die den Winter symbolisieren, und Melcher, Weiße, Spiegeltuxer und Altartuxer, die den Frühling darstellen. Die Masken treiben sich in Bauernhäusern, Gasthäusern und auf den Straßen herum und spielen den Kampf zwischen Winter und Frühling. In Abständen von einigen Jahren formieren sich die Muller zum großen „Mullerlaufen", an dem auch die Masken aus den Nachbargemeinden Absam und Rum mitwirken. „Muller" kann man nicht werden, „Muller" ist man – auch wenn die Kostüme und Masken in den Familien vererbt werden. Mit Kostüm und Maske geht auch die Tradition vom Vater auf den jungen Zottler, Zaggeler oder Tuxer über. Und mit ihr die überkommenen Bewegungen der einzelnen Figuren, die Tanzschritte, das Gehabe, kurz, der Brauch in all seinen Facetten. Frauen spielen dabei nur eine kleine, wenn auch wichtige Nebenrolle: Sie nähen die Kostüme und sind für den Aufputz verantwortlich, schlüpfen selbst jedoch nie in die Maske und das Kostüm einer alten Fasnachtsfigur. Selbst die Hexen sind in Thaur „männlich". Die Dominanz der Männer ist vielen Traditionsvereinen eigen, die Musikkapelle nimmt erst seit kurzem Mädchen als Musikantinnen auf. Feuerwehr, „Partisaner" und Schützen sind ausschließlich Männersache, streng eingeschlechtlich auch die Standesbündnisse, deren es vier gibt: für Ehemänner, Ehefrauen, Jungfrauen und Jungmänner. Die „Partisaner" sind keine Untergrundkämpfer, sondern Lanzenträger, die in Thaur, Hall und Volders als „Sakramentswachen" auftreten – Relikt aus der Reformationszeit um 1660, als uniformierte Garden zum Schutze des Allerheiligsten gegründet wurden. Fromme Vereinigungen, von denen in Thaur früher eine Vielzahl bestanden (z. B. Vigilbruderschaft), gibt es keine mehr.

Thaur mit seinen vielen charakteristisch, breit gelagerten, stattlichen Bauernhäusern galt lange als eines der schönsten Dörfer Tirols. Der vorherrschende Haustyp war der des Mitterttennhofes, der vom Giebel herab der Länge nach Wohnteil und Futterhaus trennt. Die Tenne liegt zwischen Wohnung und Stall, Menschen, Vieh und Wagen benützen denselben Eingang. Später wurde der Wohnteil vom Wirtschaftsteil getrennt und für die Wohnung ein eigener Eingang geschaffen. An den Hauswänden befinden sich vielfach Gemälde, wobei Darstellungen aus der Romediuslegende überwiegen. Die moderne Zeit setzt vielen alten Bauernhäusern zu, etliche wurden zugunsten von Neubauten bereits abgerissen oder modernisiert.

Thaur heute – das ist ein bäuerliches Wohndorf, ein Dorf mit starker bäuerlicher Tradition, um die sich immer stärker ein Wohndorf mit vielen Pendlern nach Hall und Innsbruck entwickelt. Und – vorwiegend in der Au – wachsen große Gewerbe- und Industriebetriebe. Nach Osten trennen Gemüsekulturen, Wiesen und Felder die Gemeinde von Absam und Heiligkreuz, im Westen hingegen verschmelzen Thaur und Rum zu einem Einheitsstraßendorf entlang der Dörferstraße, dem Bindeglied der sogenannten „MARTA-Dörfer" (Mühlau, Arzl, Rum, Thaur, Absam).

Ein hoch gelegenes Wahrzeichen von Thaur ist die „Kaisersäule" etwas unterhalb des „Törl", dem Übergang von der Inntalseite in das Halltal. Diese Steinpyramide, die vom Inntal gut zu sehen ist, erinnert an den Besuch von Kaiser Franz I. am 22. Oktober 1815. Der Kaiser ließ sich von Salzbergknappen auf diese herrliche Aussichtswarte tragen, „um das Kampfgelände der Tiroler Freiheitskämpfe von

1809 zu besichtigen und um in sein geliebtes Land Tirol zu schauen". Nirgendwo ist der Ausblick ins Inntal, in die Salzregion Hall, beeindruckender und schöner.

Aus Steinbrüchen in Thaur und im Rumer Moos wurde im Mittelalter Kalkstein gebrochen, der als Thaurer oder Rumer Stein häufig das Baumaterial für öffentliche Gebäude abgab, so für das Damenstift in Hall. Neben dem normalen Kalkstein verwendeten die Baumeister den „swartz stukh", weitum als Thaurer Marmor bekannt. Diesen besonderen schwarzblauen Stein benennt ein Vers im Tiroler Landreim des Georg Rösch 1558: *„Zu Thaur auf Burrn bricht Märmel gar schwartz mit durchzognen strichn weiß wie Quartz…"* Dieser Märmel (Marmor) ist deutlich zu sehen am Turm der Thaurer Pfarrkirche. Tuffstein holten die Baumeister des Mittelalters aus dem Steinbruch beim Garzanhof in Thaur, Kalkstein aus Mils bei der Walderbrücke und aus dem Halltal.

Thaur aus Osten.

Gewaltig ist der Eindruck, der sich beim Anblick des Karwendels von Süden aus bietet, denn nördlich von Hall geht es in einer Flucht fast 2.200 Höhenmeter hinauf zum Großen Bettelwurf (2.725 Meter). Westlich und östlich des Halltals ist die Inntalterrasse erhalten geblieben, im Westen als schmales Plateau bis zur Hungerburg, im Osten die breitausladende Terrasse von Gnadenwald bis Terfens.

Die Berge

"Hall, die altehrwürdige, gemütliche Stadt, ist bevorzugt an Wasser und Klima. In ihrer Umgebung bietet sich in buntester Abwechslung das Beste und Schönste, für Romantiker hat sie malerische Burgen und Ruinen, kühne Wasserläufe, wildschöne Schluchten und Täler mit jäh abstürzenden Felspartien." Der Schriftsteller Peter Regalat Stolzissi findet anno 1889 in seinem Führer nur Superlative für die alte Salzstadt am Inn. "Auch wenn die umliegenden Berge nur hausbackene Sieben- bis Achttausender sind [in Fuß nämlich] und nicht geeignet, den Hochtourensportmännern die Aufnahme in den hohen Alpinclub zu erwirken, so ist ihr Aufbau steil und gefährlich genug, um im Steigsport eine tüchtige Schule zu bieten oder sich das Genick brechen zu können. Auch der Zweirädersport hat hier seinen Cultus."

Hall und seine Nachbardörfer liegen in einer klimatisch begünstigten Gegend, deren landschaftliche Vielfalt auf dem Gegensatz zwischen den markanten Steilabfällen des Karwendelgebirges im Norden und den sanften Formen der Tuxer Schieferalpen auf der gegenüberliegenden südlichen Talseite beruht. Es verwundert daher nicht, daß die Salzregion zwei Hausberge hat, einen, den Bettelwurf, "im Rücken", und den zweiten, den Glungezer, "im Angesicht".

Künstler stellen in ihren Bildern Hall immer wieder inmitten der herrlichen Bergwelt oder vor der Kulisse imposanter Gebirge dar. R. Lang schuf diese Lithografie nach einer Zeichnung von J. Novopacky, der den Bettelwurf "nach der Natur zeichnete".

Laubwälder wechseln mit Nadelholzwäldern. Das Wasser ist weich oder hart, je nachdem, ob man südlich oder nördlich des Inns wandelt. Der Inn bildet die Grenze zwischen den aus Schiefer aufgebauten Ausläufern der Zentralalpen und dem majestätischen Zug der Nördlichen Kalkalpen.

Der Bettelwurf

Die imposante Mächtigkeit der nördlichen Kalkwände des Bettelwurfmassivs schildert Stolzissi eindrucksvoll: „Hall wird im Norden beherrscht vom Wildangergebirge. Grauer, dichter dolomitischer Kalkstein aus der Triasformation. Einige Schichten dieser Gebirge führen vereinzelt Schaltierversteine-

Der mächtige Bettelwurf hat ein nicht minder majestätisches Gegenüber, den Glungezer.

rungen. Gegen Süden hängt das Wildangergebirge durch das 'Thürljoch' [Törl] an der Kaisersäule mit dem Vorberg zusammen, nach Westen schließt es sich dem Pfeiserjoch [Stempeljoch] an; nördlich liegt das durch die Kartellerfelsen vom obern Halltal getrennte, mit demselben parallel laufende, stille, unbewohnbare Isstal und das von Hochwild belebte Bachofen- und Lavatscher-Jochgebirge; östlich zieht sich das Halltal zwischen dem Vorberg und dem Betlwurfer Gebirgsstock in das Inntal hinunter, in das es beim Hackl endet.

Das Halltal ist ein wildschönes, sommerfrisches, winterstrenges und wasser- und quellenreiches Tal, wo die genannten Grenzgebirge in gewaltiger Massenhaftigkeit, steil, vielfach zerklüftet und verwittert aufstreben, mit einsturzdrohenden Wänden und Klippen und von mächtigen Steinhalden durchzogen. Die Hänge sind bedeckt mit buntester Alpenflora, Nadelholzwäldern und Laubhölzern, weit oben mit Legföhre. Was der Bergbau als unbenützbar ausspeit, den 'öden' Berg, den ausgelaugten Ton, auch Leist genannt, schwemmt und säubert der Bergbach und Weißenbach zu Tal hinab und unter Mils in den Inn. Wohl hat der Wanderer gar viele Stellen zu passieren, wo ihm in Stein gehauene Kreuze und Holztäfelchen als ebenso viele 'memento mori' Warnungen entgegengrinsen, Stellen, wo unglückliche Bergknappen von blitzschnellen Wind- und Grundlawinen überrascht, den Tod gefunden haben." Soweit Stolzissi.

Gewaltig ist der Eindruck, der sich beim Anblick des Karwendels vom südlichen Mittelgebirge aus gegen Norden bietet, denn gerade nördlich von Hall sind die vom Talboden ins Hochgebirge überleitenden Terrassen größtenteils weggeräumt. So geht's in einer Flucht fast 2.200 Höhenmeter hinauf zum Großen Bettelwurf (2.725 Meter). Westlich und östlich des Halltals ist die Inntalterrasse erhalten geblieben, westlich als schmales Plateau bis zur Hungerburg ober Innsbruck, östlich die breitausladende Terrasse von Gnadenwald bis Terfens.

Das Halltal, eingeengt von den Abhängen des Zunderkopfs und von den Fels- und Schuttmassen des Bettelwurfs, eröffnet eine wildromantische Berglandschaft, vorbei an der „Bergerkapelle", dem einstigen Grenzzeichen und Beginn der Salzbergfreiung, zur ersten Ladhütte und zum Bettelwurfbrünnl. Von dort stammt das in Absam und Hall in eingeweihten Kreisen gerühmte „Bettelwurfer", ein natürliches Quellwasser, das es mit jedem kräftig beworbenen Mineralwasser aufnehmen könnte. Gegenüberliegend der Wasserfang für das Haller Kraftwerk und die Trinkwasserquellen für Absam und Hall. (Zur Abdeckung des Wasserbedarfes der Stadt Hall bestanden schon um 1513 Wasserleitungen aus dem Halltal. Zusätzlich gab es in der Stadt Zisternen: In der Oberstadt senkten sich mehrere Ziehbrunnen 30 Meter tief bis zum Grundwasserspiegel. Beim Agramsturm (Geisterburg) befand sich eine Zisterne, eine zweite bei der „Krippe". In beiden fand man Gebeine der 1703 erschlagenen Bayern, die einfach in die nicht mehr benützten Brunnen geworfen wurden.)

Beim Bettelwurfbrünnl beginnt der „Fluchtsteig", den die Bergknappen angelegt haben, um der auf der Halltalstraße drohenden Lawinengefahr zu entgehen. Bei der neuen Wasserfassung zweigt der

Thaurer und Absamer Felder, Hall, die sanften Hänge der Tuxer Alpen.

Weg ab hinauf zur Alpensöhnehütte und zur Bettelwurfhütte. Von der Alpensöhne- oder Winklerhütte führt ein schmales Steiglein über den Fallbach hinüber zur Hinterhornalm, zur Walderalm und weiter zur Ganalm im Vomperloch.

    Um die zweite Ladhütte breitet sich ein kleines Buchenwäldchen aus, nach dessen Durchquerung sich ein reizvoller Blick auf den Talschluß mit der abweisenden Gestalt des Roßkopfs eröffnet. Links oben erscheint St. Magdalena, von wo man auf einen im Fels gesicherten und markierten Steig über den Hochmahdkopf zum Großen Zunderkopf mit prächtiger Talsicht aufsteigt. Die Zunderkopfüberschreitung endet am „Törl" bzw. an der Kaisersäule, mit drei Abstiegsmöglichkeiten: hinunter zu den Herrenhäusern ins Halltal oder über die Thaurer Alm nach Thaur bzw. über die Vintlalm nach Rum.

Von den Herrenhäusern steil bergauf geht's über das Ißjöchl in den stillen Ißanger, im Frühsommer ein herrliches Blumenparadies. Dort mündet die Überschreitung der Nordkette auf dem „Goetheweg" oder „Felix-Kuen-Weg" – vom Hafelekar über die Mannlscharte zum Stempeljoch in den Ißanger. Serpentinen führen vom Stempeljoch bzw. vom Lafatscherjoch herunter.

Vom Lafatscherjoch erreicht man die schöne Pyramide der Speckkarspitze (2.623 Meter) gegenüber der senkrecht abstürzenden Lafatscher Nordwand. Nördlich unterhalb des Lafatscherjochs steht das Hallerangerhaus mit der hübschen Bergkapelle. Zwei Routen führen zurück in die „Zivilisation": talaus an den Isarquellen vorbei durch das Hinterautal nach Scharnitz oder über das „Überschalljoch" durchs wildromantische Vomperloch nach Vomp und Schwaz.

Vom Lafatscherjoch aus erreicht man westwärts über den „Wilde-Bande-Steig" das Stempeljoch und die Pfeis. Ostwärts führt der Steig zur Bettelwurfhütte, dem Ausgangspunkt für die Besteigung des Kleinen und des Großen Bettelwurfs, die zu den berühmtesten Aussichtspunkten der Nördlichen Kalkalpen zählen. Grandios der weite Blick ins tiefe, menschenleere Karwendel bis hinaus in die bayrische Hochebene – und bei Föhn bis zu den Münchner Frauentürmen.

Der Glungezer

Von der Südseite schauen der hochaufragende „Weiße Berg", der Glungezer, und Tulfein auf das liebreizende Mittelgebirge mit seinen Dörfern Tulfes und Rinn herab und auf das Inntal mit Hall und den Kranz seiner umliegenden Dörfer. Vom Mittelgebirge aus stehen die hellen Kalkmauern des Karwendels in ihrer ganzen Wucht und Schönheit vor uns.

Als erstes Dorf im Mittelgebirge liegt das schmucke Tulfes inmitten von Obstangern und Feldern. Dort zweigt die Bergstraße zum „Aussichtsbalkon" Windegg ab, von wo aus man den herrlichen Blick auf das Inntal und die Bergwelt des Karwendels genießt.

Die Glungezerbahn bringt den Bergwanderer gemütlich auf 2.000 Meter Höhe zur Tulfeinalm. Von ihr aus durchquert mit zahlreichen Aussichtspunkten der landschaftlich einmalige „Zirbenweg" über und an der Waldgrenze entlang zum Patscherkofel die größten Zirbenbestände der Ostalpen.

Steiler bergan windet sich der Glungezersteig zum 2.678 Meter hohen und aussichtsreichen Glungezer. Knapp unterhalb des Gipfels liegt die 1933 erbaute Glungezerhütte der Sektion Hall des Österreichischen Alpenvereins (OeAV). Sie ist ganzjährig bewirtschaftet und Ausgangspunkt für die Höhenüberschreitung zum Patscherkofel bzw. für die Übergänge ins Viggartal zum Meißnerhaus und ins Navistal. Ein Nord-Süd-Weitwanderweg übers Karwendel und das Tuxer Gebirge zu den Zillertaler Alpen führt über Hall, die Glungezerhütte und über den südlichen Grat ins Wattental, in die Hochalm Lizum zur Lizumer Hütte des OeAV Hall und weiter nach Süden.

Die sanften Hänge der schiefrigen Tuxer Alpen haben den Glungezer seit hundert Jahren zum Tummelplatz der Schifahrer und Schibergsteiger gemacht. Um 1895 zogen die ersten Schifahrer ihre Spu-

Blick von Thaur gegen Osten in das mittlere Unterinntal. Inmitten der weiten Felder Absam, im Hintergrund die Kämme und Gipfel der Tuxer Alpen (Largotz und Gilfert).

ren in die wintereinsamen Hänge des Glungezers. Seit den dreißiger Jahren erlebte der Berg mit seinem Nachbarn, dem Patscherkofel, einen regelrechten Schiboom, der zum Bau der Patscherkofelseilbahn, zum Bau der Glungezerhütte und schließlich zum Bau der Glungezerbahn führte. Höhepunkt dieser Entwicklung war der Herrenabfahrtslauf im Rahmen der FIS-Schiweltmeisterschaft 1933 im Raum Innsbruck. Die FIS-Abfahrtsstrecke von der Glungezerhütte bis Tulfes lockte die damalige Elite zur Weltmeisterschaft und zu Nachfolgerennen in späteren Jahren immer wieder an. Der Ruf dieser Abfahrtsstrecke hielt sich bis in die sechziger Jahre, dann erfolgte mit der Glungezerbahn der Ausbau auch der Abfahrtsstrecke. Aber trotz Liftanlagen blieb der Glungezer bis heute ein überaus beliebter Schitourenberg, dessen Ruhm über Tirol hinaus bis Salzburg, Südtirol und Bayern reicht. Die Schiabfahrt vom Glungezer bis zur Karlskirche in Volders – früher häufig, heute nur mehr selten befahren – ist mit 16 Kilometern eine der längsten der Alpen.

Von Windegg führt ein Weg ins Voldertal zum Volderwildbad mit seinem alten Kirchlein und dem von 1463 bis in die zweite Hälfte dieses Jahrhunderts vielbesuchten Bad. Vom Bad weiter im Voldertal, vorbei an der Stiftsalm zur Voldertalhütte (Naturfreundehaus) und über die Steinkasernalm zum Navisjoch führt eine Bergtour, die der Haller Damenstiftsarzt Hippolytus Guarinoni, der Erbauer der Volderer Karlskirche, schon vor 350 Jahren erstmals beschrieb. Er erkannte den vielfältigen Wert und Reiz alpiner Wanderungen für Körper, Geist und Seele.

Vom Voldertal aus lohnen Bergwanderungen und Schitouren zum Hanneburger, zum Malgrübler, übers Navisjoch ins Navistal oder in das Schiparadies Lizum im Wattental.

Besonderheiten aus der Salzregion

„Haller Kübel" und andere Spottnamen

Wie vielen anderen Städtern und Landbewohnern hat der Volksmund den Hallern einen Spottnamen „verpaßt". Die Haller heißen landauf, landab die „Haller Kübel". Anlaß dazu mag wohl das Haller Stadtwappen gegeben haben, das eine weiße, mit goldenen Reifen gefaßte und von zwei aufrechten goldenen Löwen gehaltene Salzkufe, einen „Kübel", auf rotem Grund zeigt. Der Volksmund hat für die „Haller Kübel" allerdings eine andere Erklärung: Bei einer Himmelfahrtsfeier in der Pfarrkirche sei der Strick, mit dem die Gestalt des Heilands in die Höhe gezogen wurde, gerissen, die Heilandsfigur zu Boden gefallen und in tausend Stücke zerborsten. Daraufhin hätten die wackeren Haller die Teile in einen Kübel gesammelt und diesen, unter dem Motto „Aui muaß er", noch einmal in die Höhe gezogen. Ein altes, oft gesungenes Spottlied erzählt diese Geschichte:

Das Städtchen der Haller an Heiland besitzt,
Ein Edler von Gröden, der hat ihn geschnitzt.
Die Haller, die feiern die Himmelfahrt auch,
Da steht auf der Heiland nach uraltem Brauch.

Ist die Vesper zu End, das Tedeum vorbei,
Geht an der Spektakel in der Kirche aufs neu.
Hier holt man den Christus, zieht auf ihn am Strick,
Die Haller erheben zum Himmel den Blick.

Auf einmal, o Jammer, der Strick brach, o weh,
Und der Heiland, der plumpste herab von der Höh,
Sodaß er am Boden in Brocken da lag.
Das war für die Haller ein schrecklicher Tag.

Doch als sich der Schrecken der Haller verlor,
Schrieen sie alle einstimmig im Chor:
„Will unser Heiland nicht ganz in sein Reich,
Muß er in Brocken zum Himmel sogleich."

Sie haben die Brocken in den Kübel gelegt,
Der Kübel mit ihnen empor sich bewegt.
Als nun Sankt Peter die Brocken erblickt,
Sankt Peter im Himmel darüber erschrickt.

Kaum sah nun Gottvater die Brocken vom Bild,
Da wurde derselbe ganz fürchterlich wild.
Da schrie laut Gottvater: „Wer tat dies, mein Sohn?"
Sankt Peter, der stottert: „In Hall g'schah der Hohn."

Drauf rief laut Gottvater: „Hall treffe die Pest
Und bleibe für immer ein elendes Nest."
Drum werden, wie von jeher bekannt,
die Haller für immer nur „Kübel" genannt.

Einen Spottnamen tragen aber nicht nur die Haller, auch die Thaurer, Absamer und Milser sind mit solchen geziert. Sie rühren von Sticheleien her, wie sie zwischen den Bewohnern von Nachbardörfern von alters her üblich sind, häufig allerdings auch Grund für schwere Zerwürfnisse und Auseinandersetzungen waren. Die Milser werden wegen ihrer angeblichen Vorliebe für ein bestimmtes Kräutergewürz von ihren Nachbarn die „Dillfresser" genannt. Die Milser rächen sich an den Absamern und nennen sie, weil sie im Sommer scharenweise die schönsten Milser Wälder ausplünderten, „Beerler" oder – wegen des mitgeführten Sammelgefäßes – „Plentenkessel". Die Thaurer heißen „Loabelen" – wohl ein Hinweis darauf, daß sie die Kunst des Brotbackens besonders gut beherrschen.

Den Milsern und Absamern wird außerdem nachgesagt, ihr Vieh durch allzu gute Kost derart zu verwöhnen, daß es anderswo nicht mehr gut gedeihen könne. In Absam bekämen die Schweine von den Metzgern überreichlich Fleischabfälle, während die Milser Ochsen auf der Ochsenweide unterhalb der Milser Heide so gutes Futter hätten, daß sie unter schlechteren Lebensbedingungen verkümmerten. Allerdings – seit die Ochsenweide in die Ackergründe „Neufeld" aufgeteilt wurden, ist es mit der Berühmtheit der Milser Ochsen vorbei.

„Von Mils keinen Ochsen, von Absam kein Schwein und von Thaur kein Weib", lautet eine alte Bauernregel. Was die Thaurerinnen angeht, meint die Überlieferung, daß sich diese auf dem Innsbrucker Markt eine allzu große Zungenfertigkeit angeeignet hätten.

Spezialitäten aus der Regionalküche

Haller Knödel

Eine besondere Tiroler kulinarische Spezialität ist in Hall erfunden worden: der „Speckknödel". Diese Behauptung mag in anderen Tiroler Gemeinden zwar umstritten sein, die Haller jedenfalls glauben daran. Es war eine Köchin vom Gasthaus „Zu den drei Lilien", die in ihrer Verzweiflung diese „Knödel" zum erstenmal zusammengeknetet hat. Bei ihr einquartierte Landsknechte hatten ein sättigendes Mahl bestellt. Sie verwies darauf, nur Brot, Butter, Eier, Speck und Milch im Haus zu haben. Der Landsknechtsführer drohte: „Mach uns in einer halben Stunde daraus ein anständiges Essen, sonst ist deine Bude hin." Die Wirtin wußte sich zu helfen. „Ich werd' ihnen aus all dem ein richtiges Landsknechtsessen machen – lauter Kanonenkugeln", sagte sie zu sich selber. Gesagt, getan. Die so geborenen „Knödel" kamen rasch auf den Tisch und sollen herrlich gemundet haben. Übrigens – was früher ein echter Tiroler war, der aß seine Speckknödel dreimal wöchentlich: am Dienstag, Donnerstag und Sonntag.

Haller Törtl

Während Lebkuchen aus Nürnberg oder Früchtebrot aus Bozen als kulinarische Genüsse durch die Jahrhunderte bekannt sind, ist eine Haller Spezialität in Vergessenheit geraten – das „Haller Törtl". In in einer Haller Konditorei ist es allerdings noch zu haben. Dieses köstliche Backwerk soll erstmals unter dem Landesfürsten Erzherzog Sigmund dem Münzreichen im 15. Jahrhundert aufgetischt worden sein. Hohen Besuchen kredenzten die Haller Wein im Goldenen Becher und ein zierliches Haller Törtl, das aus feinsten Zutaten zubereitet wurde – ohne Mehl, nur aus Zucker, Mandeln, Eiern und kostbaren Gewürzen, wie Nelken, Muskatnuß, Zimt und Cochenille. Noch im vorigen Jahrhundert durften die „Haller Törtl", die seit 1552 sogar unter Markenschutz stehen, in keinem vornehmen Haller oder Innsbrucker Wirtshaus fehlen. Das Rezept ist ein bestgehütetes Familien- bzw. Firmengeheimnis.

Thaurer Wein

Was gscheid und wohlerzogen ist,
den bloßen Wein mit Wasser mischt.

Die Bewohner von Hall und der umliegenden Dörfer waren nie Kostverächter. Sie waren auch einem guten Tropfen nicht abgeneigt. Die Trunksucht muß im Mittelalter aber solche Ausmaße angenommen haben, daß sogar der berühmte Haller Stadtarzt Hippolytus Guarinoni, selbst kein Weinverächter, das Verdünnen des Weins mit Wasser als Mittel gegen die Alkoholsucht predigte. Guarinoni leugnete nicht den Wert des Weins als verdauungsanregend und als Antiseptikum, erkannte aber auch die Gefahren des Mißbrauchs.

Alte Flur- und Hausnamen, wie „Weinfeld" oder „Weinschreiber", erzählen davon, daß die Rebe in Hall und Umgebung einst heimisch war. Und in guten Sommern gab es nicht nur einen „sauren Weißen" ab. Eine Renaissance erlebt die Weintraube im sonnigen Thaur. Dort hat sich ein Hobbyweinbauer einen Jugendtraum erfüllt und mit der Anlage eines großen Weingartens begonnen. Der „Thaurer Wein" unserer Tage, ein Produkt aus Blauberger- und Portugieserreben, entspricht höchsten Qualitätsansprüchen, überrascht selbst Profiweinhauer aus Südtirol oder Niederösterreich und wird inzwischen bereits auf Weinmessen prämiert. Eine Spezialität und Rarität.

Sagen

Dreizehn Goldkugeln

Auf dem Hohen Anlaß bei Hall lag einst ein junger Geißhirt aus Thaur. Da stieg mühsam ein kleines Mandl, in schwarzsamtene Tracht mit Schnallenschuhen gekleidet, den Berg empor und fragte den Hirten, wo der Hohe Anlaß sei. „Das ist er", sagte der Hirte, worauf das Mandl sein Felleisen ablegte, sich den Schweiß abtrocknete und mit einem Bergspiegel den Boden zu untersuchen begann. Bald schien es das Rechte gefunden zu haben, denn es schnitt ein Rasenstück heraus und formte aus der feuchten Erde dreizehn kleine Kugeln. Zwölf Kugeln schob das Mandl in seine Tasche, die dreizehnte schenkte es dem Hirten, der sie viele Jahre lang als Andenken an sein Erlebnis auf dem Hohen Anlaß aufbewahrte. Eines Tages erzählte er einem Knappen von der Begegnung mit dem Männlein und holte die Kugel hervor. Siehe, da war aus der feuchten Erde ein Goldklumpen geworden, den das Münzamt dem überraschten Hirten gegen eine große Summe einlöste, sodaß sich der Hirte ein schönes Bauerngut kaufen konnte. So oft er aber von nun an auf den Hohen Anlaß stieg, um den Platz zu suchen, aus dem der Zwerg die Golderde gestochen hatte, er fand nie wieder jene geheimnisvolle Stelle.

Die Räuber vom Glockenhof

Die einst vielbefahrene Ellbögner Hochstraße, ein uralter Handelsweg, führt durch den Volderwald, der oft genug Versteck unheimlicher Gesellen war. Heute noch steht dort der Glockenhof, über dem eine düstere Sage liegt. Im 16. Jahrhundert lebte am Glockenhof der kunstreiche Meister Hans Gatterer (oder Kofler), der mit seinen Gesellen tagsüber die wohlklingendsten Glocken goß. Zur Nachtzeit aber legten sie sich auf die Lauer, überfielen und beraubten Fuhrwerke oder lockten Wanderer und Kaufleute in die Schenke beim Glockenhof, um sie im Schlaf meuchlings zu morden, zu berauben und im Rosengärtlein zu verscharren. Im Keller des Glockenhofes häufte sich die Beute: Gold, Silber und viele kostbare Waren. Die Räuber arbeiteten so heimlich, daß ihre ruchlosen Taten jahrelang unentdeckt blieben. Einmal jedoch stieg eine Haller Näherin auf Bestellung der Frau des Glockengießers früh am Morgen hinauf zum Glockenhof. Neben der Straße entdeckte sie den Leichnam eines Fuhrknechtes. Wie sie durch das Fenster in die Stube des Glockenhofes spähte, sah sie zu ihrem Entsetzen Meister Gatterer mit seinen Gesellen beim gierigen Zählen der erbeuteten Goldstücke. Atemlos rannte die Näherin zurück nach Hall und erzählte bei Gericht ihr Erlebnis. Daraufhin wurden die Räuber gefangen und zum Tod verurteilt. Hans Gatterer erbat sich eine letzte Gnade. Droben im Glockenhof habe er ungenützt eine ausgezeichnete Glockenspeise, er wäre bereit, aus diesem Erz eine klangvolle Glocke zu gießen, die ihm mit ihren ersten Klängen am Todesmorgen den letzten Gruß entbieten sollte.

Das Gericht gewährte Gatterer die Bitte, die Gesellen hingegen wurden sofort hingerichtet. Für den Meister blieb die Hinrichtung aufgeschoben, bis er seinen letzten Glockenguß vollendet haben würde. Der Glockengießer machte sich ans Werk, die neue, schöne Glocke führte man hinüber nach Mils, und als der Meister reumütig sein Haupt unter das Henkersschwert legte, ertönte zum ersten Mal ihre silberne Stimme vom Milser Kirchturm. So geleitete sein letztes Werk den büßenden Glockengießer in die Ewigkeit. Die Glocke ging später verloren, die Suche nach ihr blieb in Mils bis heute erfolglos.

Der Walder Riese

Oberhalb des Gnadenwaldes lebte in uralter Zeit der Walder Riese, ein schrecklicher Koloß mit mächtigen Gliedmaßen. Wenn er im Walde schlief und schnarchte, zitterten die Bäume weit und breit unter seinen furchtbaren Atemstößen. Einst kam ein Bauer mit seinem Fuhrwerk über die Walder Straße und wunderte sich, welch ein Sturmwind die Wipfel der Bäume durcheinanderschüttelte. Als das Fuhrwerk zu Füßen des schnarchenden Riesen ankam, hielt der Bauer den klobigen Leib für einen Hügel und fuhr gemütlich über den Körper des Riesen. Wie der Bauer bei der Nase anlangte, sah er vor sich zwei finstere Hohlwege, die Nasenlöcher, und wußte zuerst nicht, ob er sich nach rechts oder links wenden sollte. Er entschied sich für den rechten Weg, kaum aber waren die Pferde in das rechte Nasenloch eingefahren, spürte der Walder Riese ein Kitzeln und tat einen solch schrecklichen Nieser, daß Pferde, Fuhrwerk und Bauer durch die Luft über den Inn bis nach Lans geschleudert wurden.

Der Rotmoosgeist im Gnadenwald

Vor langer Zeit hauste in Hall eine reiche Schlossermeisterin, die jeden Armen unbarmherzig von ihrer Schwelle jagte, ihre Schweine dagegen in frevelhafter Weise mit Weißbrot fütterte. Sie büßte dafür bitter, denn sie starb ohne priesterlichen Beistand und mußte in ihrem Haus als Geist umgehen. Nach Jahren, als der Spuk im Schlosserhaus so unheimlich geworden war, daß es niemand mehr darin aushielt, bannte ein Franziskaner den Geist der Meisterin in das „Rotmoos" im Gnadenwald. Noch heute spukt der Geist der hartherzigen Frau dort im Gebüsch und lockt mit unheimlichen Rufen die Schweine, die die Hirten am Wiesenkirchlein vorbei auf die Alm treiben.

Feuer auf der Milser Heide

Auf der Heide zwischen Hall und Mils brannte vor langer Zeit in den Nachtstunden ein geheimnisvolles loderndes Feuer, dessen Ursprung und Art niemand kannte. Da zog ein mutiger Bauersknecht aus Mils aus, um das Wesen des Feuers zu ergründen. Er versah sich mit einem geweihten Skapulier, nahm einen festen Stock und schritt mit einigen Kameraden dem Feuer entgegen. Kaum war der Knecht in die Nähe des Feuers gelangt, da schlugen die Flammen noch einmal hoch auf und erloschen. Der kühne Bursche aber lag mit verbranntem Antlitz auf dem Boden und fand erst nach Jahren Heilung. Seither sah man das Feuer nicht mehr, und man munkelt, daß es über einem vergrabenen Schatz geleuchtet, der Bursche aber die Gelegenheit verpaßt habe, diesen zu heben.

Die nächtliche Erscheinung von Thaur

Im 17. Jahrhundert lebte in Thaur ein gelehrter, frommer Pfarrer namens Georg Mehringer, der mit dem damaligen Einsiedler Josue beim Romedikirchl eng befreundet war. Nach seinem Tod erschien der Pfarrer dem Einsiedler in der Nacht am Fenster und eröffnete ihm, daß er, weil er drei bestellte heilige Messen zu lesen vergessen habe und im Leben eitel gewesen sei, noch leiden müsse. Pfarrer Mehringer flehte seinen Freund an, die ausständigen Messen zu feiern und Fürbitten zu beten. Zum Zeichen der Echtheit legte der verstorbene Pfarrer seine Hand auf den Holzdeckel einer Blumenschachtel.

Sogleich war die Hand im Holz eingebrannt. Der Einsiedler erfüllte die Bitten Mehringers, und nach einem Jahr erschien ihm die Seele des Pfarrers wieder, diesmal strahlend verklärt. Sie sagte: „Danke, ich bin erlöst." Bald darauf starb der Einsiedler, wie es ihm der Pfarrer vorausgesagt hatte.

Literatur (in Auswahl)

Aichner Gerald, Der weiße Berg. Das Glungezerbuch, 1993
Dehio Handbuch Tirol, 1980
Günther Wilhelm, 700 Jahre Saline Hall, 1972
Haider Friedrich, Tiroler Volksbrauch im Jahreslauf, 1986
Haider Paul, Romediusbüchlein, 1985
Haller Buch, hg. v. d. Stadtgemeinde Hall, 1953
Haller Lokalanzeiger, verschiedene Jahrgänge
Haller Münzblätter, verschiedene Jahrgänge
Harb / Hölzl / Stöger, Tirol. Landesgeschichte, 1985
Hechfellner M., Geschichte des Schlosses Thaur, 1901
Hochenegg Hans, Hall – Geschichte, Wirtschaft, o. J.
Hochenegg Hans, Die Kirchen Tirols, 1935
Hütter Leonhard, Unser Gymnasium, 1987
Jud Roman, Hall in Tirol, 1935
Moser Heinz, Hall i. T., 1989
Plaseller Paskal, Solbad Hall, 1950
Rasch Heribert, 400 Jahre Marianische Kongregation Hall, 1978
Romedium, Zeitschrift für Thaur, verschiedene Jahrgänge
Schweyger Franz, Chronik der Stadt Hall, 1867
Straganz Max, Hall in Tirol, 1903
Thaler Walter, Zwischen Brenner und Karwendel, 1974
Tiroler Heimatblätter, verschiedene Jahrgänge
Wagner Leopold, Hall in Tirol, 1974
Zukunft der Vergangenheit, hg. v. d. Stadtgemeinde Hall, 1975

Historical map excerpt (region around Innsbruck). Labels visible on the map:

- Hinterau, Hoch Wald, Kreiden B., Gleirscher Hüttl, Gleirscher Thal, Gleirsch Seite, Hoch Gleirsch B., Hoch Arbeit B., Hinter Oed, Kor Wald, Vorder Kor, Sontin B., Hinter K. Spitz
- Ifen Thal, Bluts Gruba, Helfen Th., Kazen Kopf, Gleirsch Loch, Lang Graben, Lafas A., Schnier Wald, Laf Loch
- Weiner Th., Zischgel Kopf, Krume Lärch, Hinter Winkl, Bachafen B.
- Weiner Thal, Zirm, Lindensäg, Neu Waideneck, Letten Hüttl, Ochsenhüttel, Mandl B., Stein Loch, Salz Berg
- Weiner Thal Loch, Zirl Ba., Arzeller Kristen, Wieders B., Rumer loch, Taurer A., Wild
- Kristen A., Hippen Kam, Sattele B., Vind, Bärn Ba.
- Abris, Erl, Sollstein B., Frau Hütt B., Hohe Gang, Höttinger A., Arzeller A., T H A U R
- S O N, Brand Eck B., Mühlner Graben, Rechen H., Garzon H., Thaur Matl., S. Ro.
- Kirch B., Weite Thal, Axl B., S. Maria, Eschenfeld, Mühln, Arzell, Rum, HAL
- Kaser Kopf, Hof Wald, Kerschbuch H., Hoettingen, All Heiligen, Weyer burg, B. Calvari, Loreto
- Meil Stein, Hart, Reichenau Prädl
- Veller See, Krunabiten, Th. Tiergarten, INNSBRUCK, Wiltau, Sill, Amras, Egerdach, Ampas
- Michelfeld, Blafen Berg, Bauho., Vels, Anran, Tater H., Wiesen